# 新贈与論

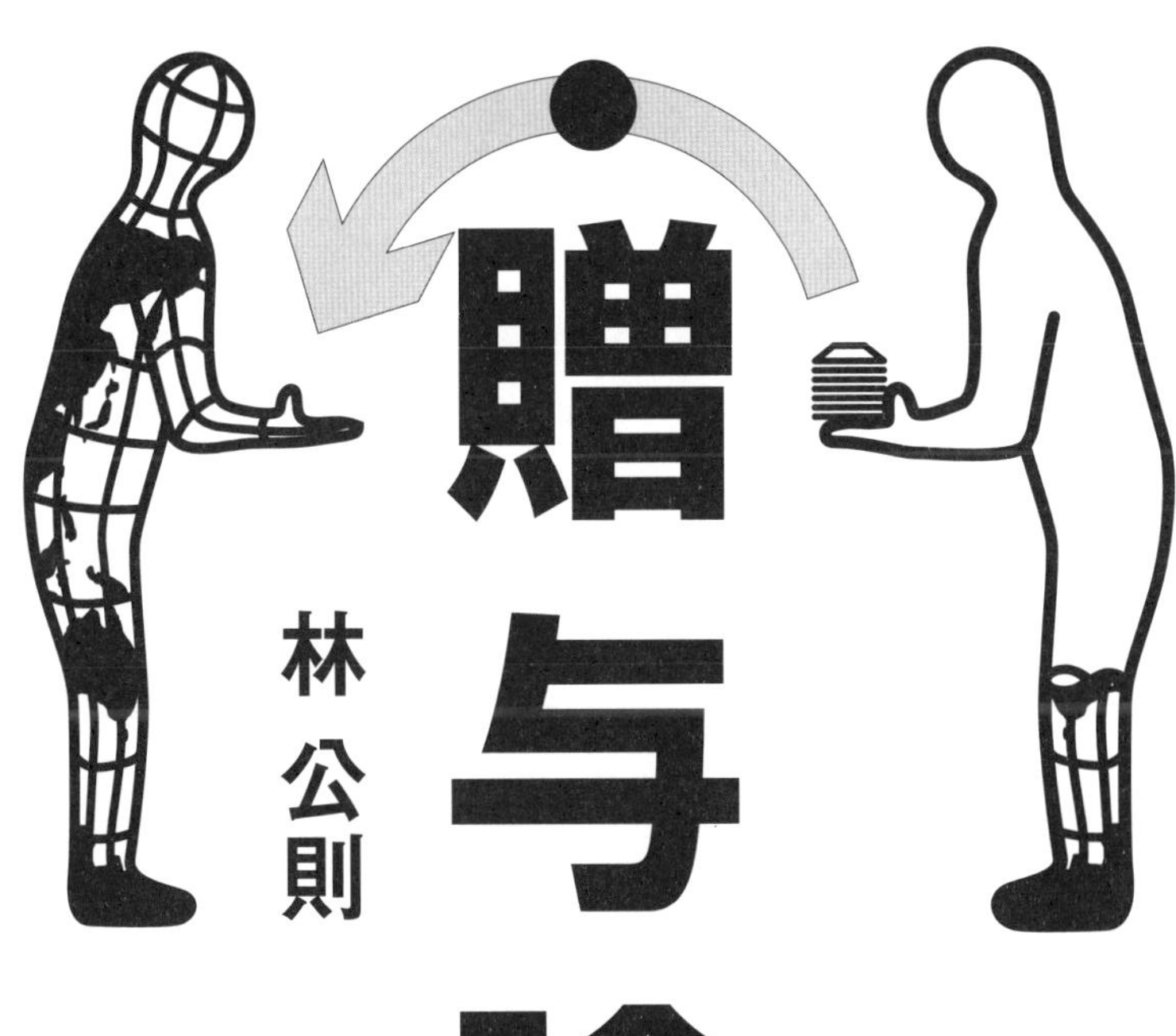

林公則

コモンズ

目次◆新・贈与論──お金との付き合い方で社会が変わる

## 第5章 GLSグループの独特な運営方法

プロローグ

# いま、再び、お金を根源から問い直す

みなさんは幼少期、お年玉をもらったとき、親からどう言われたか覚えているだろうか。「無駄遣いしないで、将来のために銀行や郵便局に預けておきなさい」と言われた人が多いと思う。

親は子どもの将来を考えて諭していたかもしれないが、預けたお金が社会でどのように使われるのかを教えられた人は、ほとんどいないだろう。まして、他人にお金を贈ること(寄付)について話された記憶がある人は、皆無ではないだろうか。

贈与は個人にとって、少なくとも経済的には損かもしれない。しかし、贈与したお金によって自分が望むような社会が実現するとしたら……。私は本書を通じて、贈与についてこれまでと違ったポジティブなイメージを多くの人びとにもってほしいと考えている。

## お金との付き合い方の四つの要素

日本では長らく、自分のために、安全に、お金を増やすことが大事だと考えられてきた。銀行や郵便局でお金がどのように使われているかは問われなかった。そこには、お金との付き合い方を考える際に重要な四つの要素が含まれている。すなわち、①誰が利益を得るか、②誰がリスクを負うか、③透明性、そして④無限の成長である。

①について言えば、普通は自分の利益のために使われる。経済活動の基本原理は、私個人の利益、すなわち私益の追求だと一般的には考えられている。私益に対して、あるグループ内の利益を共益、社会全体の利益を公益と言う。本書の中心テーマの一つが公益になる。

②は、お金が減るリスクを冒さないということだ。お金を貸せば、利子が上乗せされて返ってくる。一方で、貸した相手の事業がうまくいかなかったり、制度変更や天候不順など想定外の出来事や風評被害が起きたりして、貸したお金の一部もしくは全部が戻ってこない可能性もある。本書では、このようなリスクをひっくるめて貸し倒れリスクと呼ぶ。株式に投資をする場合は、個人が貸し倒れリスクを負うことになる。一方、銀行や郵便局に預けたお金は預金保険制度によって一定額が保護されるため、そのかぎりで貸し倒れリスクを負わなくてすむ。日本では貸し倒れリスクを負わないことが望ましいと考えられているが、この点も本書を通じて検討していきたい。

銀行や郵便局に預けたお金が何に使われているのかわからないというのは、③の透明性の問題だ。日本でもしだいに、自分のお金がどのように使われているのかに関心を抱く人びとが増えている。そして、自分のお金を社会のために役立たせたいという思いから、社会的金融と呼ばれる実践が生まれた。本書で詳しく扱う「貸すことと贈ることのための共同体」(Gemeinschaft für Leihen und Schenken、以下「GLS」)グループ(贈与を扱う信託財団や融資を扱う銀行などから成る)は、ドイツで誕生した社会的金融機関だ。その先駆けとして有名で、現在も社会的金融を引っ張る存在である。

社会的金融の分野は学問よりも実践が先行してきたために、公益的な活動にだけお金を融通する(公益性)、お金の融通先を最大限公開する(透明性)という共通点があると指摘されるものの、明確な定義はまだ存在しない。そこで、本書での使い方を明示しておく必要がある。本書では、公益性と透明性に加えて、社会的にも個人的にもお金を増やし続けること(④の無限の成長)は望ましいことではないという視点を踏まえた金融を社会的金融と呼ぶことにしたい。この点は贈与という面からみても重要なので、以下でその問題意識を掘り下げていこう。

## お金を増やし続けることは望ましいのか

お金を増やし続ける(お金が増え続ける)ことの問題を取り上げて話題になったのが、2000

年に出版された『エンデの遺言』(河邑厚徳＋グループ現代著、NHK出版)である。日本で社会的金融に取り組む人のなかには、この本に強く影響を受けた人が少なからずいる。『エンデの遺言』は、『モモ』や『はてしない物語』の著者として知られるドイツの作家ミヒャエル・エンデが日本人への遺言として1994年に残したテープをもとに、NHK関係者らが制作した番組(99年放送)から生まれた(エンデは95年に逝去)。彼はテープの中で次のように話している。

「どう考えてもおかしいのは、資本主義体制下の金融システムではないでしょうか。人間が生きていくことのすべて、つまり個人の価値観から世界像まで、経済活動と結びつかないものはありません。問題の根源はお金にあるのです」

この時期、各国でお金の暴走が問題になっていた。国際投機集団ヘッジファンドによるお金儲けのために、1994年末から95年初頭にかけてメキシコ通貨危機が、97〜98年にはアジア通貨危機が引き起こされ、人びとの生活が脅かされた。マネー経済(お金を増やすことを目的に、お金を商品とみなして売り買いするときのお金のやりとり)が実体経済(実際にモノを買ったりサービスを受けたりするときのお金のやりとり)をないがしろにするという事態が多くの場所で生じたのである。

『エンデの遺言』では、マネーゲームなどを通じて自己増殖し続けるお金が問題とされ、お金は増やせば増やすほどよいという通念と正反対の考え方が日本で初めて広く提示された。そして、残された蔵書からエンデの考えていたことを探ろうとし、3人の著者が紹介されている。

一人目はハンス・クリストフ・ビンズヴァンガー(1929年〜)。お金がお金を生む(利子が利子を生む）現代のマネー経済のあり方を錬金術に例えた人物である。

「お金をつくりだし、増やしていくのは、錬金術のやり方にきわめて似ています。錬金術は鉛から金をつくりだそうというものですが、ありふれた鉛を金という価値のあるものに変えていこうという考え方は、現代にも通じるものでしょう。通貨を印刷し、さらに利子がそれを増やしていくわけですから。そのお金が一人歩きして、自己を食いつぶすように自然環境やモラルを破壊していきます」

二人目はマルグリット・ケネディ（1939～2013年）。彼女は複利による指数関数的な成長をとくに問題視し、1枚の金貨が複利によってどれだけ増えるのかを示すために、こんなたとえをあげた。

「ヨゼフが息子キリストの誕生のときに、5％の利子で1プフェニヒ（1マルクの100分の1）投資したとします。その後ヨゼフが1990年に現れたとすると、地球と同じ重さの黄金の玉を銀行から13億4000万個引き出すことができるのです。永久に指数的な成長を続けることが不可能なのは、火を見るよりも明らかでしょう」

インフレーション（お金の価値の下落）が想定されていないことなどから、彼女のたとえを額面どおりに受け取ることはできない。とはいえ、現代のお金をめぐる制度が経済成長を前提にしていることの問題点をわかりやすい形で示したと言える。

三人目がGLSグループの考え方に強い影響を与え、日本でもよく知られているルドルフ・シュタイナー（1861～1925年）。人智学（アントロポゾフィー）を樹立し、その人智学を基礎とした哲学、教育、芸術、医療、農業など多彩な分野で独自の業績を残した人物である。エンデはシュタイナーの全集を座右に置いて繰り返し読んでいたと記されており、『エンデの遺言』では「老化するお金」（第2章③参照）というアイデアの提唱者として紹介されている。また、後述するシルヴィオ・ゲゼル（1862～1930年）とともに、利子がついて増殖するお金ではなく、マイナスの利子がついて減少していくお金を普及させようとしたと言われる。

## 「減価するお金」と地域通貨

ここで、ゲゼルが提唱した「減価するお金」を簡単に紹介しよう。それは、1カ月につき額面の1％にあたる費用を負担しなければ使用できなくなるお金で、1929年から30年代にかけての世界大恐慌期にドイツやオーストリアでこの仕組みが導入された。保有し続けているとお金が減価するから、大恐慌下にもかかわらず、導入地域ではモノやサービスの取引が活発に行われ、不況や失業が克服されたとされる。しかし、各国政府から「国家の通貨システムを乱す」という理由で危険視されて禁止され、その後は減価するお金の考え方自身が忘れ去られたという。

ゲゼルが再び注目されるようになるのは1980年代以降だ。世界各地で起こりつつあった地域通貨の取り組みに、減価するお金の考え方が取り入れられた（ただし、多くの地域通貨は無利子を選択しており、マイナスの利子を選択した例は少ない）。自己増殖して環境や生活を破壊するお金（法的効力をもつ法定通貨）を使うのではなく、自己増殖せず人間同士を結びつけるお金（地域通貨）を使って地域経済を再建しようというのである。『エンデの遺言』でも、お金の未来のあり方として、各地の地域通貨の取り組みが紹介されている。

日本では『エンデの遺言』の出版後、２０００年代前半に地域通貨ブームが起こった。だが、地域通貨の多くは、現在ほとんど機能していないか、すでに休止している。利子がゼロになったりマイナスになったりしただけでは、お金の問題を解決できないことも明らかになった。というのは、法定通貨がゼロ金利やマイナス金利になっているにもかかわらず、現在も経済格差や環境問題が深刻化し続けているからである。お金の暴走を止めるという意味において、地域通貨は成功しているとは言えない。

現在の日本では、お金を根源から問い直そうとする動きが２０００年代前半に比べて、きわめて弱くなったように感じる。「お金は増やせば増やすほどよいもので、それに反することをしようとしても、しょせんうまくいかない」という考え方が主流だ。第5章でみるように、２００８年のリーマン・ショックに端を発する世界金融危機を受けて、欧米では社会的銀行などの社会的金融機関に注目が集まり、これまでにないほど多くの人びとが預金先を変更した。しかし、日本ではお金をめぐる議論が少なくとも市民レベルでは盛り上がらなかったように思う。

たしかに第6章で述べるように、２００８年以降、日本でも社会的金融の取り組みが次々と始められたが、これは同時期に行われた公益法人制度改革や２０１１年に導入された新寄付税制（少額寄付者にとって有利な税額控除制度など）の影響のほうが大きかった。日本では、お金に対する考え方が深まらないまま、制度だけがつくられている印象がある。制度が整備されてもお金との付き合い方が変わらなければ、社会的金融の取り組みはいずれ壁にぶつかるだろう。

『エンデの遺言』が地域通貨ブームを生んだのは、問題の根源がお金にあるというメッセージに多くの人びとが共感したからである。私は、いま一度、お金について深く考えてみるときだと思っている。その手掛かりは、エンデが親しんでいたシュタイナーの思想にあるだろう。『エンデの遺言』では、シュタイナーの老化するお金とゲゼルの減価するお金が同様のものとして扱われ、減価するお金に焦点が当てられていく。だが、エンデの考え方を深めようとするなら、シュタイナーの思想を深めるべきだったのではないか。エンデがドイツに住み、ＧＬＳグループの取り組みを知っていたのであれば、なおさらである。

本書を読み進めるうちに明らかになるが、ゲゼルが利子を望ましくないものと考えたのに対して、シュタイナーは利子を否定するのではなく、その意義や役割を独自の視点から明らかにした。そして、老化するお金という考え方を理性を駆使して個々人が意識しなければならないと述べた。また、お金が使い果たされることに加えて、お金が生み出されることも必要だと述べている。お金や利子は必ずしも敵ではない。老化するお金が、本書の主題である贈与と深い関わりがある点も重要だ。

本書の目的は、このようなシュタイナーの考え方を取り入れたGLSグループという社会的金融機関が、どのようなお金との付き合い方をしてきたのかを明らかにすることである。それを通じて、みなさんにお金との新しい付き合い方を考える機会を提供できれば幸いである。

## 本書の構成と用語の使い方

第1章では、GLSグループがどのようなきっかけで誕生したのかをみる。第2章では、GLSグループがどのような考え方に基づいて運営されてきたのかを説明する。あわせて、老化するお金や利子についてのシュタイナーの考え方を示す。第3章と第4章では、GLSグループがどのような事業を支援し、それによってどのような成果を上げたのかを紹介する。第5章では、社会的金融という新しい分野で、50年以上にもわたってどのようなやり方で運営を続けてきたのかを説明する。そして第6章で、日本における社会的金融の具体的な取り組みを紹介し、エピローグで社会的金融機関の可能性について述べたい。

プロローグを終えるにあたって、本書における用語の使い方を確認しておこう。

まず、金融という用語である。金融は、一般にはお金の貸し借りを想起させることが多い。これに対して本書では、貸し借りだけでなく、あらゆるお金のやりとりを含む。漢字の意味どおり、お金を融通することを想定しており、融資のほかに出資や贈与なども含めている。

次に、共同体という用語である。8ページで述べたようにGLSは「貸すことと贈ることのための共同体」の略語だが、GLSにおける「共同体」とは、村落共同体という言葉でイメージされる閉鎖的・自給的なものではない。価値観を共にする人びとが集まってつくられる、オープンで関係性を重視したものと考えていただきたい。

なお、庶民の相互扶助を目的とした頼母子講（たのもしこう）や無尽講（第6章③参照）、さらには金融から排除される人びとに適切な金融サービスを提供しようとする協同組合金融やマイクロファイナンスなども、社会的金融の一つとされる場合がある。本書では、無尽講や協同組合による金融事業だからといって、それだけで社会的金融であるとは考えない。なぜなら、本書における社会的金融の定義を満たさないものもあるからだ。ただし、それは協同組合方式の金融機関が社会的金融機関ではないことを必ずしも意味しない。むしろ、第1章でみるように、GLS銀行も協同組合銀行であり、社会的金融を行ううえで、利潤を第一に考えなくてよい協同組合という方式は望ましい場合が多いとさえ言えるだろう。

それでは、本書の主要な分析対象であるGLSグループについて具体的にみていこう。

**【より深く知りたい人のために】**

河邑厚徳＋グループ現代（2000）『エンデの遺言――根源からお金を問うこと』NHK出版。

図1　GLS銀行の支店網と本書関連所在地

(注)ボーフムの本店に、GLS信託財団やGLS出資株式会社のオフィスもある。

# 第1章

# 市民の要求から誕生した貸すことと贈ることのための共同体（GLS）

ボーフム市の街並み

ドイツ連邦共和国の北西部、ノルトライン＝ヴェストファーレン州に属するボーフム市（1950年の人口は約30万人。2016年の人口は約37万人）で、GLSグループは誕生した。ボーフム市はルール工業地帯を代表する工業都市のひとつで、サッカーチームで有名になったドルトムント市が近い。第二次世界大戦後は炭鉱の閉鎖にともない、教育や芸術に力を入れるようになり、市内には大学や劇場などもある。

GLSグループが誕生するきっかけをつくったボーフム・ルドルフ・シュタイナー学校には、現在約950人の子どもたちがおり、学び、遊び、音楽を奏でている。教師は約100人だ。ボーフム市民によって望まれた私立学校が誕生する物語をみながら、そこから信託財団や銀行を設立しようという発想がどのようにして生まれたのかをひもといていこう。ボーフム・シュタイナー学校は、GLSグループの生みの親とも言えるヴィルヘルム・エルンスト・バルクホフ弁護士の支援なしには誕生しなかったし、GLSグループはシュタイナー学校設立運動なくしては誕生しなかった。

なお、マルクやユーロを日本円に換算するにあたっては、インフレ調整後に、当時の為替レートを使って算出した。

## 1 シュタイナー学校の設立運動

医者、技師、科学者といった特定の職業を目指すためではなく、また特定の国、教会、党派などにとって役に立つ人材を育てるためではなく、子ども自身がもつ人間としての能力をできるかぎり発達させるための教育。それが１９１９年にシュトゥットガルトで初めてつくられたシュタイナー学校の教育理念である。人間の自由をなによりも重視するシュタイナー学校は、自由学校と呼ばれたりもする。

ドイツ連邦政府からの補助金などが一切ない私的な学校であったにもかかわらず、シュタイナー学校は着実に増えていった。１９３３年までの14年間で16校が新設され、約３２００人の生徒が通うまでに拡大していく。しかし、ヒトラーが１９３３年に政権をとると、個人の自由を重視する教育理念がナチズムの考え方と相反したため、41年までに16校すべてが閉鎖された。

１９４５年に第二次世界大戦が終わると、ハンブルク、ハノーファー、シュトゥットガルトなどでシュタイナー学校が再開される。１９５１年には、新設も含めて24校を数えた。さらに設立を求める声が多くの都市であがったが、急速な増加によって教師が足りない。１９５０年代前半は、シュタイナー学校の中央組織が新設を止めるように指示する事態になっていたという。

だが、ボーフム市民、とくに子どもをもつ親たちの期待は大きく、1953年2月に行われた、シュタイナー学校新設のための団体を設立する集会には、約200人が集まった。その盛り上がりを目の当たりにした市長は、「ボーフムは学校のまちだ。だからシュタイナー学校を必要としている」と述べ、新設のための協力を約束。1956年には、古い屋敷が建つ市有地を地元企業の助力も得ながら、永代貸地として提供した。

こうして学校用地は得られた。しかし、集会やオイリュトミーと呼ばれる体操を行うための広い空間をもつ建物がシュタイナー教育には欠かせない。屋敷の隣にその新設計画が立てられたものの、資金をどうしても調達できなかった。公的な補助金制度は利用できなかったし、利益を見込めない教育関連事業に融資する銀行もなかったからだ。バルクホフらは市民などの支援者から寄付を募ったが、十分な金額をすぐには集められなかった。

当時、バルクホフはコメルツ銀行(一般の銀行)ボーフム支店の建物の一室を弁護士事務所として借りていた。支店長とは知り合いだ。ある日、彼は支店長に、新築のために足りない15万マルク(約3800万円)を抵当(実物の担保)なしで融資してほしいと、常識外のアイデアを提案した。シュタイナー学校の土地は市有地だから、抵当にはできない。彼は、土地に対してではなく、シュタイナー学校を支援する保護者や教師に対して融資(信用貸し)するように頼んだのである。

「私たちは100人以上の積極的な保護者と教師をかかえているので、信用保証に値するのではないでしょうか。保護者の保証能力に対しての信用貸しなら、可能ではないでしょうか。たとえば、保護者が別の銀行に預けている預金をコメルツ銀行に信用保証として移し替えれば、融資できるのでは」

しかし、銀行側からは断りの返事がきた。

「私たちは長い経験をもっています。銀行口座を替えるような人はいません」

バルクホフはあきらめず、保護者と教師に彼の考えを伝え、話し合いを重ねた。その結果、多くの保護者と教師が預金をコメルツ銀行に移し替えたのだ。こうして、一度は断られた融資が実現した。

では、どんな融資方法だったのか。まず、コメルツ銀行がシュタイナー学校に融資し、保護者と教師はコメルツ銀行に移し替えた預金額内で、自ら決めたその一部を担保にした。これは、返済が滞らなければ保護者や教師は担保金を支払う必要はないが、万一返済できなくなった場合は、保護者や教師の預金額から不足分が差し引かれることを意味する。

この信用保証は、その後集められた寄付や授業料などを通じて、融資が完全に返済されるまで10年間続いた。バルクホフにとって重要だったのは、学校を理事や経営幹部が主導する団体として捉えるのではなく、保護者や教師や子どもたちの共同体として捉えることである。彼は、健全で持続する好ましい変化を社会に引き起こすためには、特定の指導的人物や政治家に頼るのではなく、関係者が自ら積極的に関わるべきであると考えていた。

こうしてボーフム・シュタイナー学校は１９５８年４月、１４７人の子どもたちを迎えて開設

古い屋敷を改装したボーフム・シュタイナー学校の建物

された。バルクホフは祝辞で次のように述べている。

「私たちの学校に全世界の発展がかかっているかのように、私たちはここで活動していかなければならない」

ボーフム・シュタイナー学校は、1950年代前半から戦後第二の設立ブーム(1960年代末以降)までの間に新設された数少ないケースである。教師不足のもとでのこの新設をきっかけに、シュタイナー学校の教師を養成する学校が新たにつくられた。そこで育った教師たちが、第二の設立ブームを支えていく。

共通の理想や課題をもつ多くの人びと(この場合は保護者と教師)が積極的に関わりながら、寄付と信用保証を通じて必要な資金を調達した経験は、教育分野でのさらなる活動(たとえば第5章[7]で紹介する融資・贈与共同体)をはじめ、公益活動を支える推進力になった。この段階においては、お金との付き合い方に関する手本や理論があったわけではない。具体的な課題の解決過程をとおして、人びととの話し合いの中で新しい方法が生まれた。ＧＬＳグループはその後、さまざまな独創的かつ人間的な手法を生み出していく。その基本的な方向性はボーフム・シュタイナー学校設立時に築かれたといってよい。

ボーフム・シュタイナー学校は、２０１８年に創立60周年を迎える。２００７年には、学童保育所新設に必要だった19万ユーロ(約３４００万円)を保護者や教師が信用保証した。現在も、保護者、教師、そしてシュタイナー学校の支持者によって支えられていることがわかる。

## ２　ＧＬＳ信託財団の誕生

バルクホフは信頼の厚い弁護士で、租税法にも詳しい。彼のもとには、事業に成功して得たお金や資産をできるだけ有利に扱いたいと望む人びとが訪れた。こうした人びとに彼は言い続けた。

「税金を節約する最高の方法は、あなたの資産をあなたの人生にふさわしい方法で、有意義に他人に贈与することです」

やがて、自分のお金を増やし続けるだけではつまらないと感じてボーフムに相談にくる人たちが、自分が必要だと思える人びとや公益事業体（公益事業に携わる団体や企業）にお金を贈与する喜びを見つけ始めた。こうして、彼らの要望に合わせて個別のお金の使い方を探す仕事がバルクホフの事務所で始まる。これが、シュタイナー学校設立と並んで、GLS信託財団（設立から2004年までは公益信託財団と呼ばれたが、本書では現在の名称であるGLS信託財団と表記）の設立のきっかけとなる。

バルクホフは、できるだけ多額の贈与をさせることではなく、事務所を訪ねてくる人びとと話し合うことを重視した。話し合いを通じて、訪問者の現状を明らかにし、何をしたいのかを気づかせていく。訪問者たちはお金との付き合い方の意味を自ら発見し、見つめ直す。バルクホフが大切にしたのは、善良な人間性や新しい支援者の育成ではなく、有意義で理性的な事業を人びとと一緒に活性化させることだった。

GLS信託財団の設立総会がボーフムで開かれたのは、1961年6月である。設立時に会員として名を連ねた7団体は、シュタイナー学校をはじめとしてすべて教育に関わる公益事業体（学校法人）で、目的はこう定められた。

「この財団はその会員の公益活動を一般に周知させるべく支援を行い、また寄付を集め、それを管理し、会員たちの目的に最終的に助成するように努力する」

GLS信託財団自体は特定の目的を追求しない。会員は公益事業体に限られる。会員がそれぞれの目的を達成するために助成するが、自身では特定の公益事業を行わない。ある目的を追求する財団としてではなく、社会全体の利益を実現しようとする公益事業体のために奉仕する財団として誕生したのである。

当初は、資産はあまり集まらなかった。それは、人びとのために活動する仲介役に徹し、自身のためには何も望まなかったからである。1961年の資産はわずか約400マルク(約10万円)にすぎなかった。徐々に資産は増えたものの、1963年末でも約6300マルク(約150万円)。しかも、それはGLS信託財団が自由に使える資産ではなく、他団体のために管理している資産である。小さなコミュニティ間のサークル的な活動と言えるだろう。後に社会に影響を与える規模に発展していくが、それはアルフレッド・レックスロートの存在を抜きにしては語れない。

## 3 レックスロートによる巨額の寄付

レックスロートは1899年に4代続く製鉄所の長男として生を受けた。1917年から翌年にかけて第一次世界大戦に参戦し、帰還後は技術者としての見識を深めるためにニュルンベルクで勉強に勤しむ。そのときに人智学を知り、1921年に初めてシュタイナーの講演を聴きに行った。翌年には人智学の取り組みが盛んだったシュトゥットガルトに向かい、大きな期待をもって設立された団体「来るべき明日」の事務所を手伝う。このときの経験が彼の生涯を変えることになる。

来るべき明日は、シュタイナーの提案によって1920年に誕生した、銀行のようにお金を融通する団体である。きわめて特殊な考え方に基づいてつくられ、タバコ工場、段ボール箱工場、印刷所、機械工場、製粉所、化学工場、出版社などを営む約20人の個人企業家が関わった。彼らはシュタイナーの以下の考え方に賛同していた。

「経済活動は、利潤の追求ではなく、人間の能力の発展や、短期的なリターンを期待できないが将来人類の役に立つ研究や教育活動の支援のために行われるべきだ」

個人企業家たちは、自社で稼いだお金を来るべき明日にまわした。来るべき明日は、そのお金をシュトゥットガルトで行われていたさまざまな分野の人智学の活動に配分する。支援を受けたのは、シュタイナー学校、バイオダイナミック農業(第3章参照)の研究機関、バイオダイナミック農業を営む農家、人智学に基づく製薬研究機関など。つまり来るべき明日は、産業活動で得られたお金を人智学に基づく活動を実施する団体に適切に行き渡らせるための仲介機関である。

だが、この風変わりな取り組みは長続きしなかった。最大の要因は、1922~23年にドイツを襲ったハイパーインフレーションである。マルクの価値は1年間で約100万分の1になり、パン1個が1兆マルクしたとも言われている。経済的な混乱のなか、来るべき明日はシュタイナーの指示によって1925年までに解散した。その結果、人智学に関わる運動が各分野に広がる一方で、お金に関わる同様な取り組みは長い間にわたって行われなくなる。

親が営む製鉄所に就職し、弟と共同経営者になったレックスロートは、後に油圧装置に関する画期的な技術を確立した。その技術を応用して良質の鋳鉄を生産した会社は、数十年かけて世界的な規模に成長。１９６０年ごろには約３０００人の従業員が働いていた。

ところが、経済的な成功にもかかわらずレックスロートは満足していなかった。お金を稼ぐだけでなく、そのお金をどのように意義ある形で生かせるかを考えていたからだ。そんなときに出会ったのがバルクホフである。バルクホフが始めたＧＬＳ信託財団の話を聞いたレックスロートは、その活動に、来るべき明日と同じ想いが受け継がれていると感じ、銀行のような機関が新たに生まれる可能性をみた。彼はその後、何度もＧＬＳ信託財団を資金面で支えていく。

レックスロートがＧＬＳ信託財団に贈与を最初に行ったのは１９６４年だった。倒産寸前に陥り、新しい資本と経営者を探していたボーフム溶接技術会社に興味をもち、10万マルク（のちに15万マルク（約３６００万円））を出資し、自らが信頼する経営者を送り込んだ。同時に、その株式を同財団に贈与し、ボーフム溶接技術会社から配当金を得られるようにした。

ボーフム溶接技術会社は新たな経営者によって短期間に持ち直し、海外でも仕事を請け負うまでに成長し、４００人の従業員をかかえるようになる。その結果、１９６４年からの３年間で、ＧＬＳ信託財団が自由に使える配当金として11万５０００マルクが入ってきた。１９６７年末には、他団体のために管理しているものも含めて、同財団の資産は約34万５０００マルク（約７５

00万円)に増えた。

レックスロートの二度目の贈与は1969年で、機械製作工場の株式を贈った。50万マルク(約1億1500万円)の価値があったという。その配当金はたびたび年利100%以上になり、長年にわたりGLS信託財団に多額の収入をもたらしていく。

びっくりするような贈り物もあった。GLS信託財団の理事会などの会議は当初、学生寮の一室で行われていた。1970年のある日、会議の最中にレックスロートが交渉に呼び出される。数時間後に戻ってきた彼は、こう言った。

「私はたったいま、ボーフム中心部の市立劇場の向かいにある旧劇場レストラン(3階建て)を買い取り、それをGLS信託財団に贈りました」

この贈与によって、GLS信託財団は自前の活動拠点を得た。建物は数年かけて徐々に改装され、GLSグループの本店として現在も利用されている(第5章扉写真)。

さらにレックスロートは、自分が深く関わってきた製鉄会社の資産も、わずかな終身年金と引き換えにGLS信託財団に贈与した。ただし、これまで何度も贈与によって大きな喜びを味わってきたレックスロートにとっても、自分の想いがつまった会社を手放すのは辛い。

「私が自分の会社を譲った後は、中に足を踏み入れることはできません。『ここで、まだ何を手に入れようとしているのですか』と従業員に尋ねられるかもしれませんから」

結局、レックスロートは生前に贈与を行い、財産の売却益からGLS信託財団は約4000万マルク（約90億円）もの大金を受け取った（この寄付は特別資産として管理され、その後少しずつ現金化されていく）。

レックスロートの最後の贈与は、遺贈であった。その話をするには、まず「ノイグス」という風変わりな団体について語らなければならない。１９７２年に誕生したノイグスは、レックスロートが株式を所有する６つの企業をまとめて管理し、企業活動による利益をＧＬＳ信託財団にまわすためにつくられた。１９７８年１月にレックスロートが死去すると、当時彼がもっていたすべての株式をノイグスが相続。そのうえで、ノイグス傘下の企業が利益をあげて配当金を得たときは、それが同財団に入るように取り決められた。

こうして、ＧＬＳ信託財団は、ノイグスの成功と発展から利益を受け続けている。現在、ノイグスに長期的に関与しているのは、工作機械製造業、ワックス製品製造業、学校教材卸売業などの４社で、毎年の利益が同財団に入る。

これまでみてきたように、レックスロートは何度も贈与を行い、ＧＬＳ信託財団の発展を助けてきた。彼の存在なしには、第３章以降でみていくＧＬＳグループによって支援された数々の取り組みも存在しなかっただろう。

レックスロートの願いは、産業活動で生じた利益を文化的・学問的な分野にまわし、遺産に対する自らの権力を放棄することであった。彼は、自分の資産が自由に使われ、創造的な事業が行われることを望んだ。妻の理解もあり、贈与の引き換えにもらう終身年金以外すべての資産を放棄できた。その結果、ＧＬＳ信託財団は贈与された資産の利子によって人件費や運営費をまかない、相談業務を含めたさまざまな業務を２０１０年ごろまで無報酬で行うことができた。それは同財団に安定した運営基盤を提供し、新たなアイデアを試すための経済的余裕を与えたのである。

## ４ ＧＬＳ銀行の誕生

ＧＬＳ信託財団を立ち上げたバルクホフたちは、事務所に訪ねてくる人びととともに試行錯誤を重ねながら、贈与という分野に可能性を見出した。訪問者の話に注意深く耳を傾け、協力して他人のために役立つことを一緒に計画し、その実現に手を差し伸べた。彼らは、同財団の資産の増大を目的としてはいない。寄付されたお金を、できるだけ有効に使うことができる公益事業体にまわすことを目指していた。

一方で、バルクホフたちはＧＬＳ信託財団を運営しながら、「銀行に似た」組織設立の可能性と必要性を考えていた。同信託財団が資産家に視線を向けていたのに対し、銀行に似た組織は、大きな資産をもたない多くの人びとが社会を変革しようと手をたずさえて出発する場である。そうした組織ができれば、関わるためのハードルが下がるから、社会問題を解決するために何ができるかをより多くの人びとが考えられる。

こうして、公益事業を支える銀行設立の考えが浮上するが、来るべき明日の挫折で慎重になっていたこともあり、人智学に携わる人びとのなかには反対する者も多かった。協同組合運動関係者からも反対があった。

「それはダメだ。そんなことをできるわけがない。私たちの経済では、お金を稼がなくてはならない。公益事業のための銀行なんて存在しない」

バルクホフは腹を立てながらも、よく考えた、「なぜ公益銀行があってはならないのだろう」と改めて思い、さらに努力を続けていく。最初の歩みは、1967年に設立された公益信用保証協同組合(Gemeinnützige Kredit-Garantiegenossenshaft、以下「GKG」)とともに始まった。GKGの役割は、信用保証の引き受けである。設立のきっかけは、銀行から融資を受けられない公益事業体が、助言を求めてGLS信託財団にしばしば相談してきたことだった。

大半の公益事業体は、銀行が通常要求する抵当を用意できない。GKGは多くの人びとから出資金(200マルク以上)を募り、信用保証のために(担保として)利用することによって、一般の銀行(多くはコメルツ銀行)による公益事業体への融資を可能にした。融資がこげついた場合はGKGから資金を回収すればよいので、一般の銀行のリスクが格段に減少する。公益事業体は、抵当がなくても銀行から融資が受けられる。

融資したお金が返ってこないリスクを負うのはGKGだ。貸し倒れた場合には、GKGへの出資者のお金で清算される。GKGの存在によって、抵当ではなく信頼に基づいて融資を実現する道が開かれた。GKGは、たくさんの人びとが出資を通じて公益事業体を支える場なのだ。

GLS信託財団やGKGには、自分の資産を社会に役立てようと思う人びと、自分たちの公益事業を支援してほしいと思う人びとが訪れた。バルクホフたちは多くの相談を熱心に聴いたが、それは次のように考えていたからである。

「ある人が自分のためだけでなく、同時に社会のために努力していることが認められたとき、支援されるに値します。まだその段階にまで至っていない場合も、その人が望むのであれば、その創意が支援に値するように変化するまで話し合ってあげなければなりません。資力が少なければ少ないほど、苦悩が多ければ多いほど、いっそう多くの支援が必要です。普通、銀行はすでに資産をもっている人に融資します。融資を受けるために差し出すべき実物の担保をもっていない人は、銀行からは何も得られません」

裕福である人びとがより多くの資産を得る手助けをするのではなく、物質的な財産をもたないけれど、精神的な財産(創造力や誠意や協働の意志)をもち、信頼がおける人びとに対して融資する。そんな銀行の創設が重要だとバルクホフたちは考えた。それは、可能なかぎり個人信用の基盤の上に銀行業務を築き、信頼できる人間に融資することを意味する。

当時GKG自身は銀行ではなかったので、預金の引き受けや融資はできなかった。これに対してGKGの多くの組合員は、GLS信託財団やGKGが預金を引き受け、それを融資として公益事業体にすぐにまわせるように強く求めた。そこで、バルクホフたちは１９７３年から銀行設立の具体的手続きを進める。そして１９７４年８月、協同組合銀行という形式でＧＬＳ銀行が正式に誕生した。当時、ドイツでは数十年間新たな銀行は設立されていなかったが、連邦信用業務監査局の局長は、この取り組みに大きな期待を寄せた。

「私は連邦信用業務監査局の公式な代表として、事案の査定を勝手に行うことはできない。だが、個人的には、あなたたちの銀行設立に非常に興味をもっている。協同組合活動から新しい組織が生まれようとしていることは、とても喜ばしい」

ＧＬＳ銀行を協同組合の流れの中で捉えれば、公益事業に関心を寄せる組合員の共益を実現するために協同組合が使われたという点で、新しさをもつ。換言すれば、共益のための組織形態である協同組合が公益に資する事業に携わるということだ。

ＧＬＳ銀行が設立されると、コメルツ銀行を介さずに公益事業体に融資できるようになったため、ＧＫＧによる信用保証業務はしだいに減少していく。ただし、組織としては残され、信用保証以外の業務に携わるようになる。ＧＫＧの信用保証は、ＧＬＳ銀行への預金とは異なり、預金保険制度で保護されていない。だから、ＧＫＧへの出資は高い貸し倒れリスクをともなっていた。預金に比べてリスクの高い出資業務に挑戦するための組織として残されたのだ。出資業務の詳細については、第5章[3]で取り上げたい。

ＧＬＳ銀行の設立によって、ＧＬＳ信託財団、ＧＫＧを含めた3団体が密接に協力しながら、グループとして「貸すことと贈ること」に本格的に取り組み始める。貸すことと贈ることのための共同体（ＧＬＳ）というフレーズはＧＬＳ銀行設立の際に誕生し、以後長く使われている。

現在のＧＬＳグループのスローガンは、「お金は人間のために、そこにある」だ。ＧＬＳグループが具体的にどんな分野でどんな支援を行ってきたのかは、第３章以降で紹介する。その前に第２章で、「お金は人間のために、そこにある」というＧＬＳグループが、お金をどのようなものと考えていたのかをみてみよう。


**【より深く知りたい人のために】**



ギルバート・チャイルズ（１９９７）『シュタイナー教育——その理論と実践』渡辺穣司訳、イザラ書房（*Steiner Education in Theory and Practice*, 1991）。

ノイグスＨＰ（http://www.neuguss.com/）。

ボーフム・ルドルフ・シュタイナー学校ＨＰ（http://www.rssbochum.de/）。

ロルフ・ケルラー（２０１４）『人間のための銀行——社会運動としてのＧＬＳ銀行のあゆみ』村上祐子・村上介敏訳、涼風書林（*Eine Bank für den Menschen*, 2011）。

# 第2章 お金についての新しい考え方

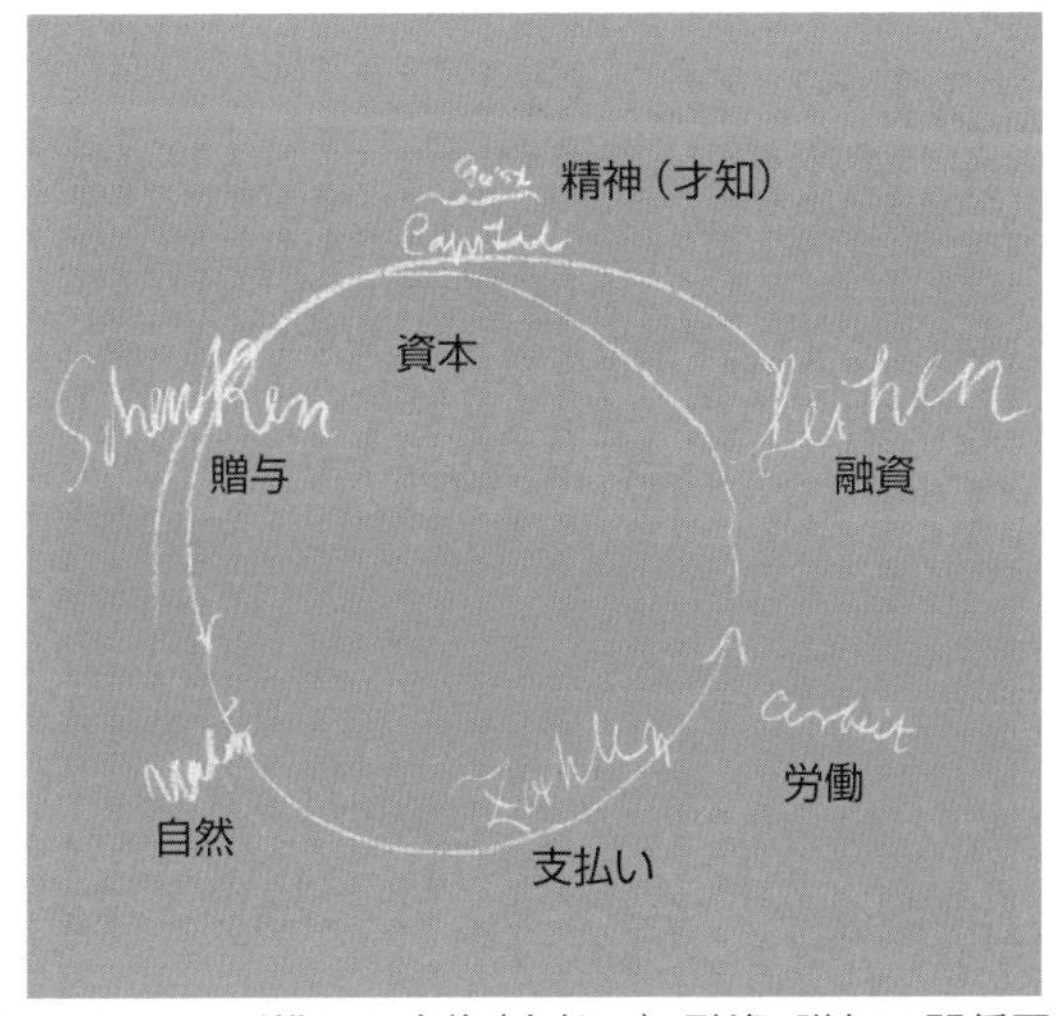


シュナイターが描いた交換（支払い）・融資・贈与の関係図
（出所）GLS 信託財産のパンフレット *Geld verwandeln*（2014年）より転載。

お金は便利なものだ。お金さえ持っていれば、売っているものであればなんでも手に入れられる。だから、プロローグでも述べたように、「お金は銀行や郵便局に預けておきなさい」と多くの人びとは言われてきた。お金をできるだけ増やして、将来のために貯めておかなければならない。これがお金についての一般的な考え方と言ってよいだろう。

一方、GLSグループは、お金との新しい付き合い方を模索するなかで、お金とは何かを深く考え、一般的な考え方とはまったく異なる発想にたどりついた。本章では、GLSグループやお金についての貴重な著作を遺したロルフ・ケルラーの議論(とくに『お金は何をするのか?』(*Was macht Geld ?*))を中心に、GLSグループのお金についての考え方を紹介する。ケルラーはGLSグループの活動に初期(1968年)から長く関わり、GLS銀行設立時には理事となった。その後、第4章に登場するトーマス・ヨルベルク(現在のGLS銀行のトップ)らの後進を育てあげた人物である。

## 1　お金の厄介な特徴

なぜ、お金は便利なのか。なぜ、原価数十円の硬貨や紙幣が大きな価値をもって交換できるのか。銀行に預けたお金は、どこに向かうのか。お金は何のために存在しているのか……。考え出せば、さまざまな疑問が思い浮かぶ。なかには、答えるのが簡単ではない疑問もある。お金を使わない人はほとんどいないが、お金について本気で考えたことがある人はごくわずかだろう。

現代のお金には、二つの大きな特徴がある。一つは、貨幣換算をとおして、この世のすべてのものを数で表現しようとすることだ。もう一つは、腐らないことだ。

この二つの特徴は、農産物をはじめとする商品と比べて、お金を非常に有利かつ便利なものにしている。もしお金が存在しなければ、モノのやりとりは物々交換になる。お金があれば、商品の価値を価格として表現できるし、欲しい商品の価格分だけお金を支払えば、物々交換よりはるかに簡単に欲しい商品を手に入れられる。商品と異なり、お金は分割しやすいので、支払いに都合がいい。また、商品と違って現代のお金は腐ったり劣化したりしないので、貯めておけば好きなときに使用できる。現代社会で生きていくためには、商品の売買が欠かせない。この二つの特徴をもつお金は、商品の交換を促すきわめて重要な媒介物である。

お金の存在によって分業が進み、経済活動が活発化し、社会が豊かになった。一方で、この二つの特徴は、現代社会で生じる諸問題の原因にもなっている。

一つ目の特徴からみていこう。お金がさまざまなものを数で表現できることは、商品同士の価値を比較するうえでは非常に都合がよい。しかし、モノが貨幣換算され、数で表されるようになるにつれて、数(お金)が独り歩きし、実際のモノを置き去っていく。

たとえば、バイオ燃料ブームによって、2005年から3年間でトウモロコシや大豆の値段が約2・5倍に高騰したが、ここには投機マネーが流れ込んだと言われている。トウモロコシや大豆を投機の対象とした人びとは、穀物を見ず、穀物価格の高騰によって困る人びとも気にせず、数(お金)の増大のみを目指した。

リーマン・ショックのときには、サブプライムローン(債務・所得比率や借入・資産比率が良好ではない人びとへの住宅ローン。貸し倒れリスクが高い代わりにハイリターン)とは何かを知らずに証券を買っていた人びとがいたし、購入した証券にサブプライムローンが混じっていたことを知らずに大損した人びともいた。すべてが数で表され、便利な反面、実質が忘れられていたのである。

お金がすべてのものを数で表現しようとすることのもう一つの問題は、売買が望ましくないモノも次々に商品化してしまうことだ。きれいな空気や水、食料を生み出す土地といった生命の基盤は、すべての人びとに保障されなければならず、商品化すべきではないとＧＬＳグループは考えている。その主張の是非はさておき、お金は土地から生じる農産物を商品とするだけでなく、土地自身に対しても価格をつけ、売買の対象とした。多くのモノが商品化されればされるほど、経済規模は拡大する。その一方で、きれいな水や土地が私有され、最低限のサービスさえ享受できない人びとが出現した。

腐りにくさ、劣化しづらさは、お金のもっとも厄介な特徴かもしれない。シュタイナーはジャガイモを例に、比喩的に次のように述べている。

「ある時点で同じ価値のモノとして交換されたジャガイモは、腐って価値がなくなっていくにもかかわらず、お金はいつまで経っても劣化しない。しかも、お金は貸せば利子がつき、増えていく。15年後にジャガイモを2倍の量にするには多大な労働が必要だが、５００フランを15年後に１０００フランにするには、（利率が４・75％程度であれば）自分は労働せずに、他人にお金を貸し、その人びとを働かせればいい」

社会に持ち込まれたこの虚偽を正さなければ経済はうまく機能しない、とシュタイナーは考えた。人間の消費には限界があるので、腐るモノを過度に集める意味は少ない。ところが、お金は腐らないから、大量に集めても困ることはない。そればかりか、お金を多く持てば持つほど、利子収入によるぜいたくな暮らしができる。商品化されたすべてのモノとお金とが交換可能であるから、権力の源にもなる。こうした虚偽の結果、多くの人びとが自分のお金を増やそうとして、人間や環境への深刻な被害が引き起こされてきた。

商品化の進展にともなって、人間と自然の分断、コミュニティの崩壊、生命の基盤の私有化などが起こる。人間は自然や社会から切り離され、ばらばらにされた。生命の基盤を奪われたうえに、個人で生きるように強いられると、将来の不安から自分のことのみを考えるようになる。

お金はその性質上、これだけあれば十分とはなりにくい(お金には人びとを満足させるという性質が欠けている)。だから、他人や社会を犠牲にしてでも、自分のお金をできるだけ増やそうとする。こうしてお金が利己心を増長させ、協力して社会問題を解決しようとする営みを妨げ、多くの社会問題を生み出す。

では、社会問題を解決するために、お金を役立てることはできないのか。GLSグループがこのテーマに取り組む際に参考にしたのが、シュタイナーのお金についての考え方である。

## 2 お金の3つの性質——交換、融資、贈与

シュタイナーのお金に関する考え方の中でGLSグループにもっとも影響を与えたのは、お金が状況に応じて、①交換、②融資、③贈与のいずれかに性質を変えるという点である。そのうえでシュタイナーは、お金の異なる性質を意識的に見分けて使用することが重要だと述べた。シュ

タイナーは『シュタイナー経済学講座』(ドイツ語版は１９２２年)で、こう述べている。

「交換の領域では、お金は一定の価値を示す。贈与の領域では、交換の領域での価値がすべて放棄される。その両者の間にある融資において、〈移転〉が引き起こされる。融資はしだいに、贈与として使い果たされる」

ここでは、シュタイナーのお金に関する考え方を詳しくみていこう。

## 交換的性質

必要を満たすためにモノを買うときに発揮される。シュタイナーによれば、交換を媒介するだけなので、融資や贈与とは異なり、このときのお金は何らかの新しい価値を社会に生まない。お金の媒介によって物々交換のときと比べて商品取引が格段に便利になる点は認めつつも、経済全体のプロセスからみると、交換的性質は新しい価値(後述の経済的な価値もしくは精神的な価値)の源ではないと考えた。

ただし、交換的性質は、言い換えるとお金との交換によってモノを買うという性質は、直接的にせよ間接的にせよ、人間や環境に影響を及ぼす。グローバリゼーションが進めば進むほど、もしくは分業が進めば進むほど意識しにくいが(市場の媒介による隠蔽作用)、たとえば人間や環境を搾取して安くなった商品(プランテーションで栽培されたコーヒーやバナナなど)の購入は、搾取行為を認めることになる。人間や環境に配慮した商品(フェアトレード商品や有機農産物など)の購入は、配慮行為の支援になる。交換的性質は新しい価値は生まないものの、過去の行為を拒んだり認めたりできる。

## 融資的性質

他人にお金を貸すときに発揮される。日本では多くの場合、当面使わないお金は銀行に預けられ、銀行の判断で融資される。多くの人びとは意識していないが、銀行に預けられたお金は、自らが払い戻すまで銀行に保管し続けられているわけではない。人間や環境にとってよくないものも含めて、さまざまな事業に融資されている(銀行の媒介による隠蔽作用)。通常の商業銀行では、貸出金利と預金(借入)金利との差額(利ざや)が利益の中心だから、融資した資金を回収できなくなるリスクを考慮したうえで、ここからの利潤の最大化が目指される(株式会社の銀行の場合は株主の意向もある)。

そこでは、融資先の事業が人間や社会にとって意義があるかどうかは問われない。また、預金者は一般的に、自らの金利収入の増大に主要な関心がある。すなわち、預金者も銀行も人間や社会に対する責任を負わない構造になっている。

では、この融資的性質をシュタイナーはネガティブに考えていたのであろうか。そうではない。彼はむしろ、融資的性質のポジティブな面に注目していた。シュタイナーによれば、お金の登場によって資本形成の可能性が拓け、お金を持つ者が投資できるようになり、経済的な価値を生み出す「才知」以外には何も持たない者が資本金を得る可能性が生まれたという。

経済的な価値を生み出す才知が乏しい者がお金を持っているとき、経済プロセスが健全であれば、お金は人間の素質の違いによって、才知豊かな者のところに流れ込む。お金を借りた者は元本に加えて利子を返済するが、新たに生み出された経済的な価値の一部が利子である。経済全体のプロセスからみると、お金の融資的性質は新たな経済的な価値の源泉（同時に贈与されるお金の源泉）であるというのがシュタイナーの考え方だ。ゆえに、銀行は新たな経済的な価値（贈与されるお金）の創造を手助けするための機関となる。

### 贈与的性質

他人のために贈与されるときに発揮される。したがって、贈与者にとって、贈与的性質は交換的性質と対立する。逆に贈与を受けた者は、そのお金で必要を満たすために交換を行う。

贈与においてもっとも重要なのは、自由意志に基づき、何らかの代償を求めずに行われることである。そのため、贈与の受け手は経済的な制約から解放されて、自由な精神生活（教育、芸術、文化、宗教、学問などが代表的分野）が可能になる。

そして、過去にしばられずにまったく新しいことを始められるという点から、社会に新たな価値を創造する際に贈与は不可欠だとシュタイナーは言う。彼によれば、自由な精神生活を営む者は過去に対しては純粋な消費者であるが、未来に対しては間接的ではあるものの、非常に生産的である。精神的自由人は、精神性を他者に提供し、人びとの思考を柔軟にして、経済的な面も含めて人びとがよりよい社会をつくりあげていくために才知を発揮する。

自由意志に基づかない贈与、たとえば税金を通じての富の再配分が不必要だというわけではない。だが、政府を通すゆえに、贈与先の決定方法（補助金の配分先）が不透明になるなどの問題が生じる（政府の媒介による隠蔽作用）。この結果、たとえば、政府にとって都合のよい教育をする学校が多くの補助金を得るといった事態が生じてきた。また、贈与者が前もって詳細に使途を決めておけば決めておくほど、贈与をとおして不自由な状況がもたらされる。たとえば、親が子どもに「医者になるのであれば、学費を払う」と言うとき、親は贈与をとおして自身の希望をかなえようとしている。これは偽装された贈与であって、贈与的性質よりも交換的性質に近い。

さらに、贈与という行為が交換の原理の視点から評価されることによって、贈与が有する独自の意義が矮小化されてきた。親が子どもに贈与する際は、代償を求めない要素が含まれているから、部分的にであっても無償の贈与が存在する。にもかかわらず、子どもから親に将来戻される収益に対する投資とみなされたり、義務としての贈与受領関係とみなされたり、合理的計算と経済的利害を超えて存在する象徴的資本（自分の名誉や高貴さを示すためのもの）の蓄積を目指して行われる行為とみなされたりしてきた。そうしたケースでは、自由意志に基づく無償の贈与はほとんど考察の対象となっていない。

しかし、シュタイナーが重視したのは無償の贈与である。贈与が自由意志に基づいていればい

図2　健全な経済のプロセスからみたときのお金の性質の変化と経済的な価値の増減

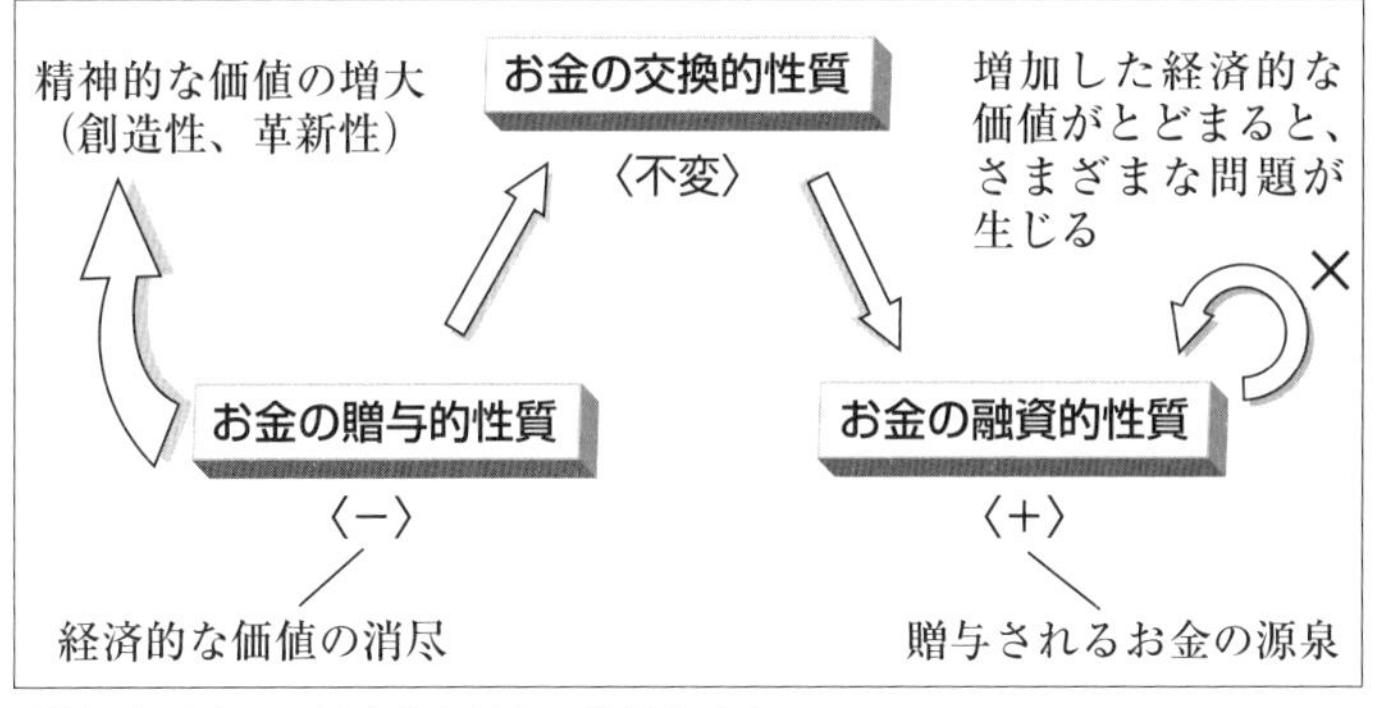


（注）〈　〉内は、経済的な価値の増減を示す。
（出所）筆者作成。

るほど、また代償を求めなければ求めないほど、社会全体にとって有益であると彼は主張した。無償の贈与が存在するかどうかというよりも、社会に果たす役割という観点から贈与を捉えたことが、シュタイナーの最大の功績であろう。

社会に創造性をもたらすほかにも、贈与的性質には重要な役割がある。それは、経済的な価値を使い果たさせることである。融資的性質によって新たに経済的な価値がつくりだされても、それが融資の領域に戻ってとどまれば経済のプロセスが阻害される、とシュタイナーは指摘する。たとえば、土地や証券などに投機的なお金が流れ込む状況（リーマン・ショックの際にも生じたバブルなど）が思い浮かぶ。自分のお金の増大を求めれば求めるほど、多くの問題が発生するのだ。

それを回避するために意識的な贈与が必要であり、経済的な価値が使い果たされる（同時にお金の権力性が放棄される）代わりに、社会に創造性（革新性）がもたらされる。お金がそうした意味で循環するとき、経済のプロセスは健全に機能すると考えられた（図2）。

## 成長ではなく循環

シュタイナーによって提示された経済のプロセスには、限りない経済成長を目指すのではない社会発展観が含意されている。融資的性質のお金を増やし、経済的な価値を次々に増大していくことを、彼は最大の目標としてはいなかった。融資的性質のお金は贈与されるお金の源となるかぎりで必要だが、それが社会で増えすぎると問題が生じる。

シュタイナーの表現を借りれば、お金は血液のようなものであり、身体の中で血液が循環せず、ある場所でとどまって肥大化すると、さまざまな病気を患ってしまう。彼にとって大事だったのは、経済的な価値の増大ではなく、お金の循環である。健全に機能している場合は、融資によって増えた経済的な価値が贈与によって使い果たされるので、経済的な価値は大きく増減しない。一方で、お金の循環によって、贈与を受けた人びとが非経済的ではあるが社会を豊かにするモノやサービスを供給する。

経済的な価値の増大ではなく、教育、文化、芸術などの点で豊かさが増す社会（精神的な価値が増大していく社会）が、シュタイナーのお金に関する考え方から導き出される社会発展像である。ここでは、現在の風潮のように、お金を多く稼げる人が素晴らしく、お金を稼げない人は劣っているという判断は下されない。経済的な価値を生み出す才知をもつ人がその能力を最大限に発揮し、精神的な活動に関する才知をもつ人はその能力を最大限発揮すればよい。大切なのは、誰が優れているかではなく、それぞれの人間が自身の能力を発揮できているか。お金は、個々人が能力を発揮するための重要なツールなのである。

そしてシュタイナーは、お金が生まれ、死んでいくプロセスを「老化するお金」と述べた。この点を次に深めていこう。

## 3　老化するお金と分かち合い

人間が生まれて死んでいくのと同様に、生命あるものはすべて生成し消滅する（工業製品ですら劣化する）。しかし、お金は死なない。逆に、増えていきさえする。

経済活動の規模が毎年大きくならなければならないというのは、私たちに深く根ざす考え方である。成長していればうまくいき、成長が止まったりマイナスになったりすればよくないことが起こると信じられている。

本来の経済活動は、農産品や工業製品などの劣化する商品を主に扱っていた。人間の一生を考えれば明らかなとおり、生命あるものは永遠に成長し続けられない。ところが、商品がお金と交換され、お金を貯めておけるようになると、またお金自身が商品として扱われるようになると、経済規模の縮小が拒まれる。それに対してシュタイナーやケルラーは、経済活動の規模が大きくなり続けることを不自然だと考えた。

今日世界中でみられるのは、人びとが利己心に突き動かされて新たな投資先を探し、減ることができないお金がますます社会にたまっていくという事態だ。シュタイナーやケルラーが指摘するように経済的な価値が増え続けるのが問題であるならば、その消滅が必要になる。ケルラーは、歴史を振り返ると、経済的な価値の過剰な増大を防ぐ方法を人間は認識していたと言う。

第一はインフレーション。商品に対してお金の量が増えすぎたときには、お金の価値自身が下げられた。第二は不動産や株などで生じたバブルの崩壊。社会に滞留していた経済的な価値がいっぺんに失われる事態とみることもできる。ただし、ハイパーインフレをはじめとする急速なインフレやバブルの崩壊は、大きな社会的混乱を招くため、望ましい方法とは言えない。第三は紀元前にヘブライ人が行っていた方法で、聖年(大赦の年)の設置。聖年がくると、それまでの借金がすべて免除される。聖年は、共同体の団結を強くし、人びとの間の不平等があまりに大きくならないために導入された。

一方シュタイナーが提案したのは、意識的にお金を老化させ、死なせていくことである。その方法が贈与だった。図2(45ページ)を再び見ていただきたい。

お金が交換的性質から融資的性質に向けられると、経済的な価値の成長が始まる。成長した経

図3　社会発展のイメージ

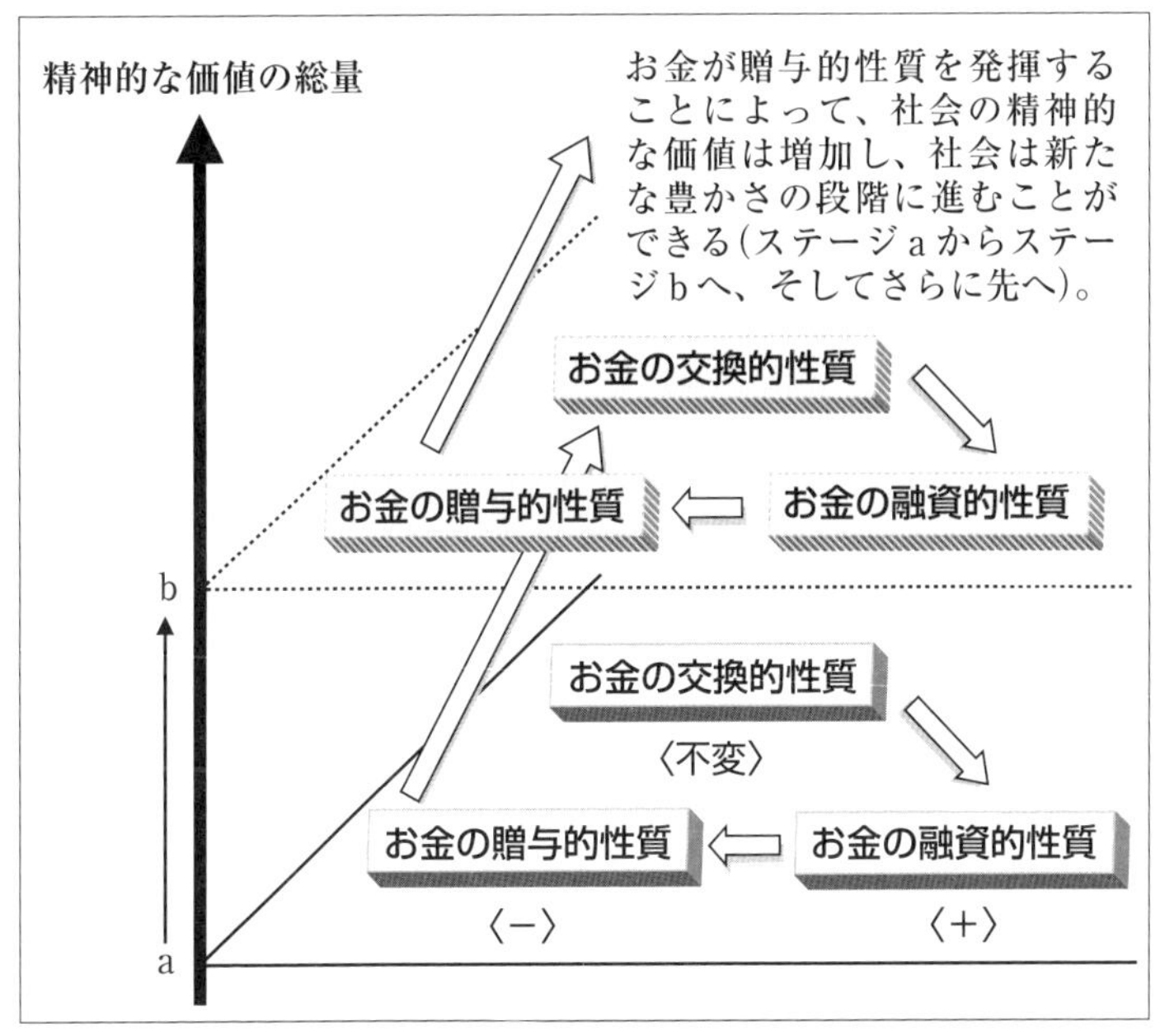


(注)〈　〉内は、経済的な価値の増減を示す。
(出所) 筆者作成。

済的な価値は、贈与的性質をとおして消滅していく。贈与された人は、そのお金で生活物資などを買うので、お金は交換的性質を発揮する。このプロセスを単純化して記すと、「交換—融資—贈与—交換」となり、お金の経済的な価値は成長し、死に、そして元に戻る(別の観点からみると、交換は才知に基づいて過去にできあがったものに、融資は才知に基づいて現在できつつあるものに、そして贈与は才知に基づいて未来にできていくものに、深く関係している)。

このプロセスがうまくまわっているとき、贈与を受けた人びとが自分の能力を伸ばすことを通じて社会に革新性がもたらされ、人間や社会はより高い段階に進む。「交換―融資―贈与―交換」のプロセスが螺旋状に上昇していくイメージだろうか（図3）。

このプロセスで肝心なのが贈与で、贈与は死と誕生に関係している。すでに述べたように、経済が成長を余儀なくされることによってさまざまな問題が生じる。お金に生命のサイクルを組み込み、意識的に贈与を増やして問題を解決しようというのがシュタイナーのアイデアである。

いま述べた内容を、事業家と画家をたとえにして考えてみよう。事業家は工業製品の販売で大儲けし、その一部を画家の支援のために贈与する。画家はそのお金によって生活物資や絵画の材料を購入し、絵を描くことに集中し、素晴らしい絵を生み出した。お金の経済的な価値は画家によって使い果たされたが（死）、経済的な価値では測れないような社会を豊かにする芸術作品を画家は生み出した（誕生）。事業家は経済的な価値を生み出す才知によって、画家は精神的な価値を生み出す才知によって、それぞれ社会の発展に貢献し、お金は二つの才知を結びつける役目を果たしたのだ。

シュタイナーのアイデアを分かち合いの観点から整理し直したのがケルラーで、彼は分かち合いの重要性を指摘している。ケルラーによれば、分かち合いには三つの段階がある。

第一段階は苦しいときを乗り越えるときの分かち合いで、たとえば一つのパンを二人で分ける場合だ。「苦しみを分かち合えば半分になり、喜びを分かち合えば2倍になる」という格言は、人間の英知だと言う。

第二段階は労働における分かち合いで、分業によって生産性が上がり、その恩恵によって人類は文化や人間性を発展できた。分業は協働の土台でもある。

第三段階がとくに重要で、経済活動から生まれた利潤の分かち合いである。それは、グループ内の人びとの生活を保障するための意識的な行為である。ケルラーは、経済的な余剰が分かち合いの土台だということが理解され、実践されればされるほど、自分のためにお金を増やす必要はしだいになくなると述べている。余剰はグループ内の人びとの文化や人間性の発展のために使い、お金を増やすための投機に手を出す必要はない。なぜなら、分かち合いには他人への温かい気持ち、社会的な関係の親密さがあるからだ。それによって分断が克服され、自分だけで生きていかなければいけないという将来の不安から逃れられる。

ここに、ＧＬＳグループがとくに大事にしたお金の役割が生まれる。つまり、お金は人びとの協働を支援し、人間を結びつけるために存在するという考え方である。ケルラーはこう記した。

「お金は人間を互いに切り離すためにではなく、互いに結びつけるために、そこにある」

この分かち合いの考え方は、シュタイナーが唱えた次のような社会の根本原理とも合致する。

「共に働く人びとの全体の幸せは、個々人が自分の仕事の成果を自身に対して要求することが少なければ少ないほど大きくなる。言い換えれば、自身の成果を仕事仲間に多く分け与えれば与えるほど、そして自分の要求が自分の仕事からではなく他の人の仕事から充足されればされるほど、全体の幸せは大きくなる」

ＧＬＳグループについてヒアリングをした多くのところでこの根本原理が紹介されたことを考えると、お金との新しい付き合い方を模索するうえで非常に大切な考え方とみてよいだろう。

最後に、ケルラーの本で取り上げられているシュタイナーの言葉を紹介して、本節を終わろう。

「あなたは二つのグラスを前に置きます。一つは空で、もう一つには半分だけ水が入っています。水が半分入っているグラスから空のグラスに水を注ぎ、グラスを自分の前に置いてください。すると、空になったはずのグラスに、水がどんどん満ちていきます」

ここでは、水は物質としてではなく、心のイメージとして表現されている。他人と分かち合ったとき、心は空になるのではなく、分け与えた度合いに応じて満たされるのである。

## 4 信用創造の拡大か抑制か

ケルラーは、投機によってさまざまな問題が生じている原因として、現代社会においてお金があまりに多く生み出されていることを挙げる。銀行は古くから、金庫に眠るお金をもとに、その数倍のお金を貸し出してきた。銀行はこの信用創造の特権を利用して利潤を稼ぐとともに、流通や資本形成のためのお金を社会にもたらし、経済の発展に貢献してきた。信用創造によって、多くのお金を社会に生み出してきたのである。

とはいえ、金本位制のもとでは、その量は所有する金の量に制約を受けていた。1971年のニクソン・ショック以降、金保有量の制約を受けずに増殖することが可能になる。さらに、情報技術の向上、グローバリゼーションの進展とともに、お金が瞬時に大量移動する時代が訪れ、金融が経済活動に大きな影響を与えていく。ケルラーは、実体経済の大きさ（世界中で年間およそ7000億ドル）に比べて、マネー経済の大きさ（およそ1兆ドル）が10倍以上にもなる状況が生じていると言う。

お金は商品の交換を促すために役立てられ、人びとは自分の欲しい商品を手に入れるためにお金を利用していた（商品A―お金―商品B）。しかし、マネー経済が拡大すると、人びとはお金を儲けるために商品を利用するようになる（お金―商品―より多くのお金）。国際的な金融市場では毎日、お金からより多くのお金を生むことが目指されている。石油、小麦、砂糖、コーヒー、トウモロコシなどの原料品が、株や公債やオプション（権利）などとともに取り引きされ、お金は24時間、もっとも有利な投資先を求めて世界中を動き回る。

しかも、そうしたお金の多くは、1秒間に3000銘柄の有価証券を売買できるスーパーコンピュータを使って、少数のトレーダー（取引仲介者）によって慌ただしく運用されている。そこでは、具体的な事業内容や事業に関わる人間は考慮されない。数字だけで、投資先が決められる。

今日の世界が体験しているのは、お金の量がますます増大し、減少できないという状況だ。人間の利己心が強く働くもとでは、お金は経済的な価値を生むところに流れ込み、新たに生まれた経済的な価値はさらなる投資先を求め、なくなることができない。貯蓄と資本形成を妨ぐことはできず、お金の増大も止まらない。お金の融資的性質によって生み出された経済的な価値は、人間の能力や社会の発展のために利用できるが、それは経済的な価値が贈与をとおして意味ある形で消費された場合に限られる。

信用創造は、増大したお金が実体経済に投入されるかぎりは意味がある。ところが、現在の銀行は、お金の暴走を止めるための手立てを積極的にとろうとしていない。実体経済ではなくマネー経済にお金が大量に流れ込む状況では、銀行は信用創造を抑え、お金の量を減らす必要があるとケルラーは考えていた。信用創造が適切な規模に保たれていればよいが、現在はお金がたくさんありすぎるがゆえに、お金の悪い面が強く出ていると彼は述べている。

## 5 利子と自由

現在はきわめて低率だが、銀行にお金を預けると利子がつく。銀行からお金を借りれば、利子をつけて返済しなければならない。お金の貸し借りには一般的に利子がつく。

利子は、経済学においては、お金を使って得る満足を先に延ばすことに対する報酬と考えられたり（待忍説）、貸し手（預金者）がお金をすぐに使えないことに対する報酬と考えられたりしてきた（流動性選好説）。しかし、利子についても、シュタイナーやケルラーの見解は通常とは異なる。彼らによれば、利子は人間と人間の距離、貸し手と借り手の距離を表現している。

シュタイナーは、おおむね次のように述べる。かつては血縁や地縁でつながるグループ内で人びとがお金を借りようとした場合、貸し手は、いつか自分にお金が必要になったときには、そのグループ内の誰かから借りられるという期待や確証をもっていた。そうした密接な関係性が存在していれば、利子をとられることはめったにない。その後、貸りたお金に利子を払う人びとが出現する。彼らは利子を払うことによって、「いつか自分が困ったときには助けてもらう」という貸し手の期待から自由になることを選んだ。利子はグループのしがらみから逃れる方法という意味で、自由の手段だった。

銀行においては、貸し手と借り手の個人的な関係は解消されている。お金の匿名性によって、借り手と貸し手の従属関係はなくなり、借り手も利子さえ払えば借りたお金を自由に使用できる。この意味での自由を手に入れた一方で、社会が匿名化されていくにつれて人びとは、グループ内で保障されていたつながりや安心を自身で確保し、自分のためだけの貯金をしなければならなくなった。利子は人びとの間の社会的な距離の表現である。この距離が大きくなればなるほど、世界のお金の量は多くならなければならない。匿名性のもとで、お金の量は増えていく。

個人主義的な傾向が進み、人間相互が切り離されている現在、利子の問題と自由の問題を同時に解決する方法が求められている。そのためには、血縁や地縁でつながってきたグループ間ではなく、自らの意志で構築した人間関係のなかで、相互の親密さを育む必要がある。そうすれば、自由の問題を解決したうえで利子もしだいに少なくしていけるし、お金の増大も食い止められる。お金は、人間関係を切るものでもあるし、結びつけるものでもある。

貧しい国や人びとが負債を積み上げる一方で、お金を貸している国や個人投資家たちは利子収入によって余裕のある暮らしをしている。これは大きな問題だ。負債で困る国や人びとがいれば、お金を貸している人びとが借り手と直接的な社会的関係を構築し、そのうえで貸し手が得ている利潤を負債の減免や利子の免除（ある種の贈与）に充てる必要がある。世界の貧困やお金の増大の問題を解決するのは、より多くの生産ではなく分かち合いであるとケルラーは考えていた。

## 6 倫理か利己心か

誰のものかわからない大量のお金が動かされている金融市場の状況は、結局のところ、利己主義的なお金との付き合い方の蔓延に基づいている。人びとがあまりにも自分のことしか考えなくなると、全体への展望が失われる。お金には人びととの利己心を強める面があり、その力とどのように向き合うかが、いま問われている。

これに対してシュタイナーやケルラーは、人びとが倫理的になれば解決につながるとは考えなかった。問題は、倫理ではない。経済的な行為の源となる利己心がカバーする範囲の拡大が必要だと考えた。自らの行為の社会的結果を意識できるようになれば、利己主義的な傾向が克服(止揚)されていく。これは、社会全体への責任を自覚したうえでお金と付き合うことを意味する。

自分だけのためにお金を投じ、経済のプロセスのなかで滞留させるのではなく、贈与によって自分も社会も満足する結果を生み出す。この意味で、分かち合いは倫理的な規範ではなく、経済的・社会的に有益な技術として捉えられるべきだと彼らは考えた。お金の問題を経済とは別の倫理の分野に追いやるのではない。お金の役割を正しく理解したうえで、人びとが自らの意志で意識的に分かち合うようになることが目指された。彼らは経済活動の土台は友愛でなければならないと考えていた。シュタイナーの言葉に、すべてのエッセンスがつまっている。

「無私について多くを語る人びとに対して、私は深い不信感をもっています。彼らは、無私の行為が与える利己的な心地よさに対する正しい感覚をもっていないように思えます。人間は無私になるべきではないし、またなることもできません。無私になれるという人は、嘘をついています。利己心は、もっとも高貴な世界に対する関心へと飛躍することができるのです。私は人類全体のことを心配します。なぜなら、人類全体に対して私自身と同程度に関心をもっており、それが私自身の問題となっているからです」

バルクホフも、次のように語っている。

「一般的に、人は自分のことを心配しますが、それはとても高くつき、効果の少ないものです。それぞれが周囲にいる人びとのことだけを心配すれば、すべてがもっとうまくいくでしょう。私たちがもっとも愛しているもの、つまりお金を使って、他の人びとを現在以上の水準に到達させたり、他の人びとの理想や生きる目的を実現させたりしようではありませんか。お金は理想を追いかけていきます。そして、この理想をわかりやすく描くことができればできるほど、理想を実現するためのお金が容易に集まるようになるのです」

## 7 銀行（金融機関）の役割

ここまでGLSグループの運営に影響を与えたシュタイナーやケルラーのお金についての考え方をみてきた。本章を終えるにあたって、彼らの新しい考え方を踏まえたうえで、GLSグループが銀行や信託財団などをどのように運営していこうと考えたのかをまとめておきたい。

シュタイナーは、19世紀末からお金の流れが「非個人的」「非自然的」になったと指摘している。まず、抵当をとって（人ではなく資産を見て）融資するという銀行のやり方が一般化するにつれて、お金の流れが「非個人的」になっていった。さらに、お金が現実の商品（たとえば、穀物や家畜やタバコなど）から転化して生じたということが忘れられると、お金の流れは「非個人的」なだけでなく、「非自然的」になる。かつては人間や自然とお金との関連が意識されていたが、さまざまな隠蔽作用（市場・銀行・政府を媒介させることによる隠蔽作用）によってその意識が薄れ、お金自身が際限なく自己増殖することが不自然とはみなされなくなった。

もともと銀行は、よりうまく社会にお金をまわすために設立され、巨額のお金を集め、必要としている人（とくに産業界の要望が強かった）へ供給した。資本形成の資金の蓄積を個人で果たすのは難しい。また、事業の収益性や事業にともなって生じる経済や社会への効果やリスクを専門知識によって評価する役割もあり、リスクが顕在化したときには適切に対応する。銀行は利子によってお金を増やしたいという預金者の利己的な目的に奉仕する一方で、経済活動を円滑に維持・発展させ、経済全体にとって有意義なところにお金を供給することを自身の役割としていたのである。

この意味で銀行は、利己心に方向づけられた人びとの動機とかかわりなく、公益に資する行為を支援しようとする存在だったとみることもできる。しかし、競争経済で生き残っていくために、ほとんどの場合は公益を顧みず、目の前の利益だけを求めていった。

また、銀行に預金されたお金は、利子を払うことによって、個々の預金者の想いから自由になる。そして、預金者の意見を聞くことなく、銀行自身の判断で融資先を決められる。言い換えれば、どの事業に融資し、どの事業には融資しないかを、誰からの命令も受けずに決定できる。これが銀行の権力の源となっている。

こうした銀行システムでは、預金者（貸し手）と融資先（借り手）の間に直接的な関係は成立しない。銀行の窓口まで自分のお金を持ってきた人の意識は、そこで断ち切られる。そして、窓口の後ろで「銀行の秘密」が始まる。「銀行は私のお金で何をしているのか」という疑問が、人びとのなかでますます増していく。

バルクホフやケルラーがＧＬＳ銀行をつくろうと思ったのは、現代の銀行が社会のためではなく、銀行自身のために働くようになったからである。また、人びとの利己心を強めるのではなく、人びとの社会への関心を高めたかったからである。協同組合運動の関係者から「公益銀行なんてできるわけない」と言われたが、彼らにとって公益銀行は存在すべきものだった。

預金者と融資先の間に銀行が入り、銀行は両者の関係を匿名性の高いものにする。それに対し、ＧＬＳ銀行は預金者と融資先の間の無関係性を意識的な関係に変化させることを目指した。公益銀行の役割は、金融商品を開発し、販売する営利企業になることではない。ＧＬＳ銀行にとって銀行であることの意味は、問題を見つけ、人びとの意識をより広い範囲まで届くようにし、第三者や自然や社会のためにお金をまわすことから生じる結果を人びとに認識させ、その認識から出発して行動させることであった。

バルクホフは、「どうして、あなたたちは倫理的な事業に投資する会社をつくるのではなく、銀行をつくったんですか。投資会社のほうが、規制や監視が少ないからよほど簡単だったのに」という質問を受けたことがあるという。しかし、ＧＬＳ銀行が何よりもやりたかったのは、社会的な事業にお金をまわすことではなく、関係性の構築だった。重要なのは、人びとの間で生じる具体的な協働である。だから、ＧＬＳ銀行は、環境のための銀行、教育のための銀行、もしくはオルタナティブ銀行としてではなく、人間のための銀行として理解されることを望んだ。
ＧＬＳ銀行が通常の銀行と大きく異なるもう一つの点は、ＧＬＳ信託財団から生まれ、連携しながら活動を続けていることである。ＧＬＳ信託財団も含め、ＧＬＳグループは本章で記してきたお金についての考え方に従って活動し、社会に大きな影響を及ぼしてきた。第３章と第４章では、ＧＬＳグループの支援によって生み出された成果を、農業と電力の分野でみていく。そして第５章では、公益事業体の支援という一般の銀行では取り組むことが困難な活動を、銀行も含めたＧＬＳグループがどのように可能にしてきたのかを明らかにしたい。

**【より深く知りたい人のために】**

林公則（２０１５）「定常経済における社会的金融機関の役割――贈与の役割について」幸せ経済社会研究所ＨＰ。
ルドルフ・シュタイナー（２０１０）『シュタイナー経済学講座――国民経済から世界経済へ』西川隆範訳、ちくま学芸文庫（*Nationalökonomi-scher Kurs*, 1922）。
Kerler, Rolf(2014)*Was macht Geld?*, Goetheanum.
Mees, Rudolf(1991)*Money for a Better World*, *Hawthorn Press*(*Een andere kijk op geld*, 1985)

# 第3章

# 「地球を世話する」農業への支援

現在のドッテンフェルダー農場（撮影：小山田和代）

GLSグループが設立当初からこだわって支援を続けてきた分野が、教育と農業である。農薬や化学肥料による環境汚染、農業の大規模化や貿易自由化にともなう価格競争、遺伝子組み換え作物の拡大、後継者不足など、農業をめぐる状況は明るくないように思われる。そんななかでGLSグループは、有機農業(初期においては主にバイオダイナミック農法に基づく農業)を人間の生存にとって欠かせない大事なものと考え、早い時期から支援を始めた。

バイオダイナミック農業は、シュタイナーによって提唱された有機農業の一種である。肥料をつくる際に牛の糞や角を使う、天体の位置を見て種播きをするなどの点で、一風変わったものとみられる場合が多い。作物をつくるだけでなく、生物との調和を図りながらより豊かな環境をつくっていくという目標から、バイオダイナミック農業関係者は「地球を世話する」農業とも呼ぶ。

フランクフルト(ヘッセン州)からわずか10キロに位置するドッテンフェルダー(Dottenfelder)農場は、GLSグループの支援を多方面で受け、バイオダイナミック農場の代表格となった。GLSグループとドッテンフェルダー農場の物語をひも解いてみよう。

## 1　相続と土地投機に揺れた農場

エルンスト・ベッカー（１９２３年生まれ）がドッテンフェルダー農場でバイオダイナミック農業を始めたのは、１９４６年である。学生時代はクラスの首席で、熱心に哲学を学び、近代五種や体操競技のエースでもあった。18歳のときに兵役に志願し、第二次世界大戦中にロシアで負傷し、片目の光を失う。

戦後、自らが体験した人生の不可解さについて考えたが、哲学は何の答えも与えてくれなかった。そこで、人間の知力を結集して生み出された原子物理学を学び始めるが、まもなく、この学問にも彼が期待する答えはないことを悟る。やがて、生命があふれる実生活に答えがあると考えて農業大学に通い、後に妻となる女性と出会う。そして１９４６年、亡くなった義父の代役として、義母とともに土地の賃貸契約を新たに結び、ドッテンフェルダー農場の運営を始めた。

義母は農業のやり方に口を挟まなかったので、ベッカーは自らが望むバイオダイナミック農業に転換する。１９４６年から57年まで、農場のほとんどの土地は馬を使って耕された。農場内には農機具修理のための鍛冶屋や荷車の製造所があり、乳牛の担当者、豚の担当者、大工など、さまざまな仕事仲間が働いていた。彼が重視したのは、農場の経営者である自分と、農場で働く人びととの間の序列関係をなくすこと。ベッカーはほぼ毎日農場内を巡回し、働く人びととの会話を心がけ、彼らが仕事において自主性を呼び覚ませるように配慮した。だから信頼され、農場内には温かく人間的な雰囲気があふれていた。

ところが1957年、状況は一変する。共同経営者だった義母が突如、「バイオダイナミック農業を止めて、近代農業に転換したい」と強固に主張したのだ。1950年代以降、ドイツでも近代農業が急速に広がりつつあった。

亡くなった義父の兄弟も加わって時間をかけて準備された陰謀によって、ベッカーは事実上共同経営者の立場を追われる。代わりに迎えられたのは、義父の兄弟の息子だった。ちょうど、近代農業を学んでいた彼が大学を卒業するときである。

早速1957年の秋から、農場に化学肥料が散布される。馬はすべて手放され、鍛冶屋や荷車の製造所は解体され、耕作機械が導入された。乳牛は80頭から45頭にほぼ半減し、畜舎には二列のえさ台が備え付けられた。仕事の自主性が発揮できなくなるにつれて、ベッカーのもとで働いていた仲間は次々に農場を離れていく。人手不足を補うために、フランクフルトの拘置所から武装した護衛とともに囚人が連れてこられた。ベッカーは、目の前で行われていく農場の変容を耐え忍ばなければならなかった。

ドッテンフェルダー農場にとってもう一つの問題は、1950~60年代の経済成長にともなうフランクフルト近郊の地価の急騰である。ヘッセン州の土地管理組合は、農場に土地を貸すよりも宅地や事業所を建設する企業に土地を売りたがり、賃貸契約が切れるごとに、少しずつ農場の土地を売りに出していく。農場の継続が難しくなるにつれて、義父の兄弟の息子たちは、農業の継続を重視しなくなっていた。

この事態を前にしたベッカーは１９６２年、かつての仲間たちと協力して農場を取り戻し、バイオダイナミック農業を再開することを決めた。そして、三つの目標を設ける。

第一に、実践と研究との両面でバイオダイナミック農業の豊饒さと将来性を証明し、一般の人びとが受け入れやすいものにする。

第二に、農場の運営にあたって、農家以外の人びとにも関わってもらえるような新しい社会的なやり方を考え出す。

第三に、相続や土地への投機など、土地の私有化によって生じる問題に対する現代的な解決方法を見つけ出す。

近代農業が広がり、急速な経済成長によって社会が大きく変わった１９６０年代なかばにおいて、ドッテンフェルダー農場でかつて行われていたような古き良き時代の農業を同じ形で甦らせることは、もはや夢物語となっていた。バイオダイナミック農業を成功させるためには、まったく新しい考え方と方法が必要とされていたのである。

## 2 信頼に基づく信用保証

ベッカーが仲間とともにGLS信託財団を訪れたのは、1967年10月だった。バイオダイナミック農業の再開にあたっては、まずドッテンフェルダー農場の土地を取り戻さなければならない。そのためには多額のお金が必要だ。義母たちに代わって新たに土地を借り受ける条件としてヘッセン州の土地管理組合は、農場の運転資金を確保したうえで、すでに古くなっていたり、バイオダイナミック農業では使わないものも含めて、残された道具や建物などをすべて買い取るように求めた。その金額は40万マルク(約8700万円)。ほとんど財産を持っていないベッカーたちにとって、とんでもない額である。

ベッカーたちはあらゆる手をつくしたが、集められたのは15万マルク。残りの25万マルクをどうするか。一般の銀行に融資を求めたものの、抵当がないことを理由に断られた。次に、金融に精通した友人を頼ったが、ドッテンフェルダー農場で実現しようとしている計画が普通ではないので、彼はよい助言ができず、別れ際にこう言った。

「ボーフムに、バルクホフという名前の変わり者がいるらしいよ」

ベッカーたちは、この言葉を頼りにGLS信託財団のあるボーフムに出向いたのだ。

当時のGLS信託財団の事務所はコメルツ銀行の上の階にあった。型にはまらない考え方と社会に尽くすための広い心を備えたバルクホフは、ドッテンフェルダー農場でベッカーたちが実現しようとしていることを熱心に聴いた。そして、1961年に同信託財団を設立し、2カ月前の67年8月に公益信用保証協同組合（GKG）を設立したことを知らせ、GKGはベッカーたちの要望に応える組織だと説明した。

ベッカーたちはその場でGKGの組合員になることを決める。バルクホフはベッカーたちが必要としていた25万マルクの信用保証を約束した。こうして残りの資金をコメルツ銀行から借り、ベッカーたち5世帯は協力してバイオダイナミック農業を再開する。

とはいえ、物事はそんなにうまくは運ばない。翌年の8月、コメルツ銀行ボーフム支店の支店長アレフレッド・リンデマンが休暇を利用して、予告なしにドッテンフェルダー農場に現れた。バルクホフに「未来につながる驚くべき仕事」と熱心に説得された農場を自らの目で見るためである。だが、そこで彼が見たのは、未来ではなく、中世から残っているようなぼろぼろの建物だった。それもそのはず、当時の農場に住居や建物の修繕に充てるお金などない。新たに購入した農機具を抵当に、なんとか必要な農機具をそろえたような状態だった。リンデマンは帰りの車中で激高し、こう言ったという。

「この盗賊の隠れ家（ドッテンフェルダー農場のこと）を見ていたら、私は1ペニヒも融資しなかっただろう」

そして1969年9月、ドッテンフェルダー農場にコメルツ銀行から、抵当を求める文書が届く。だが、25万マルクは、GKGによって信用保証されていたのではなかったのか。

バルクホフに問い合わせて初めてわかったのは、当時のGKGが信用保証できる限度額は4万マルクであるということだった。残りの21万マルクは、コメルツ銀行がバルクホフへの個人的な信用(彼がドッテンフェルダー農場の成功を約束した)によって貸していたのだ。しかし、コメルツ銀行は農場の成功を疑い始め、ベッカーたちは自ら抵当を見つけなければならなくなる。

結局、ベッカーの妻の父の遺産であったマイゼンハイム市(ラインラント＝プファルツ州)の土地などを探しだして対応した。とはいえ、バルクホフがドッテンフェルダー農場の成功を確信し、当初抵当をとらずにコメルツ銀行が融資を行ったからベッカーたちが理想の農業を始められるようになった事実は、長く記憶されるべきことである。

7年後の1976年、死の直前のリンデマンを彼と長年付き合いがあったGLSグループの関係者が訪れ、尋ねたという。

「あなたの銀行員としての人生のなかで、もっとも特別な出来事は何でしたか」

リンデマンは迷わず、ドッテンフェルダー農場の案件だと答えた。

「信頼のもとで融資を実現できることを、人生のなかで初めて突き付けられたからだ」

すでに述べたように、リンデマンはコメルツ銀行の銀行員として抵当を要求した。だが一方で、GKGへの出資者やバルクホフがベッカーたちを信頼したために融資が実現したことは、リンデマンにとっても忘れられない経験だったのである。

このときの負債は、１９８０年までに完済された。

## ３ 公益事業体としての農業学校の設立

ベッカーたちは１９６８年の春からドッテンフェルダー農場の経営を始めたが、前途は多難であった。前述したようなフランクフルト近郊の地価が急騰する状況下で、農業に対して長期にわたって土地を貸すことをヘッセン州の土地管理組合が避けたいと考えていたからである。

最初の賃貸契約は5年間（１９６８～72年）の期限付きにされたうえ、契約を延長するには、期間内にバイオダイナミック農業が豊かな実りをもたらし地力を損なわないことを証明し、農場経営が地域住民や公共のためになることを示すという難題が課された。負債は徐々に返済されていたから経済性については問題なしとされたが、農場の意義を一般の人びとにどのように伝えればよいか。

バルクホフは１９７２年以来、ドッテンフェルダー農場を多くの人びとにとって意義あるものにするために、バイオダイナミック農業を学びたい希望者に向けた農業学校の設立をたびたび提案していた。それは、ベッカーたちが目指す農場像にマッチしている。また、各地のシュタイナー学校からは、授業の一環として農業体験をさせたいという要望が寄せられていた。そこで、農業学校の設立を１９７３年に決め、公益事業認定を取得したうえで、ドッテンフェルダー農場農業学校公益社団法人を立ち上げた。

この農業学校では、近隣のシュタイナー学校の子どもたちを受け入れたほか、１９７５年1月にバイオダイナミック農業を学ぶ年間講座を開講し、有機農業従事者の育成を始めた（当初の受講者は12人）。１９７７年からは、作物の生育と月のリズムとの関係などバイオダイナミック農業に関する研究も行っていく。

ベッカーたちが農業学校計画の詳細を説明するなかで、土地管理組合は徐々に協力的になり、5年間の賃貸契約が切れる寸前に、18年間の契約延長が認められる。そして１９７８年、ベッカーたちが待ち焦がれていた提案がなされた。農業学校に対してであれば、賃貸している土地を売却するというのだ。こうして１９８０年、住居や畜舎、新設されたパンやチーズをつくる施設などと、農場の中心部19・5ヘクタールの土地を約１８０万マルク（約2億５６００万円）で買い取った。

負債を返済し終わったばかりのベッカーたちは、これだけの巨額のお金をどこから捻出したのだろうか。

土地購入費は、ＧＬＳ信託財団から公益事業体である農業学校への無利子融資によって支払われた。ベッカーたちは、この融資を「天からの贈り物だった」と振り返っている。同財団にとって１８０万マルクもの大金を用意するのは大変で、当時自由にできたお金を職員全員でかき集めたという。融資の返済期限はなく、条件は農業学校が規約で示すとおりの公益事業を実施し続けることのみであった。バルクホフや同財団は、新しい農業スタイルを生み出そうとするドッテンフェルダー農場の成功をきわめて重要と考えていたのである。

この経験は、ＧＬＳグループのその後の有機農業への支援にも生かされていく。ＧＬＳ信託財団は公益事業体にしか資金を提供できないので、農家に直接土地購入費を贈与や融資できない。しかし、農業学校のような公益事業体が農家に土地を貸し出すという方法をとれば、この問題は解決する。

農家は賃貸契約の期限切れや土地の投機に心を煩わせずに、安心して自分が望む農業を継続できる。そして、公益事業体は農家から徴収する土地の賃貸料を運営費などに充てられる。ベッカーが悩まされたような土地の相続に関する問題も生じない。ドッテンフェルダー農場やＧＬＳ信託財団は、土地の所有権の現代的な解決法を見出したのである。

## ４　農業共同体の形成

ドッテンフェルダー農場で実施され、他の農場でも導入された取り組みに、農業共同体がある。シュタイナーの考えをもとに、バルクホフが構想した。すべての人間は誕生と同時に、生きていくための生活基盤として一定の土地を請求する権利をもち、またその土地から豊かな実りがもたらされる責任を負うというのが、シュタイナーの考えである。当時のドイツの人口と耕地可能面積から、約25アール(50メートル×50メートル)を各人に割り当てるべき面積とした。

ドッテンフェルダー農場で農業共同体が発足したのは、1981年1月1日である。その目的は、農業に直接携わらない人びとが農場とより密接な関係をもつこと。参加者は、農家と貸し倒れリスクを分かち合う。つまり、農業を一年間営んで損失が出た場合は、その損失額を参加者全員で分担するのだ。

農業は自然を相手にするから、農家が努力しても作物に深刻な被害が発生する場合がある。そのようなときも、この分担があれば、農家が借金を背負わずに安定的に「地球を世話する」農業を続けられる。一方、参加者は自身に割り当てられた土地に対する責任を果たすことができる。農業共同体も、GLSグループによって提案されたお金との新しい付き合い方の一つと言える。

ドッテンフェルダー農場の農業共同体では、参加者は年の初めにGLS銀行の口座に2000マルク(約25万円)を用意しておく。ベッカーたちはこのお金を使って農業を営み、農産品や加工品の売上金を口座に戻す。使ったお金より売り上げが少なかった場合は、参加者の口座のお金が減る。参加者は貸し倒れリスクを負う一方で、農場で収穫された100キロの小麦ないし小麦と等価の良質の生産物を毎年買う権利が得られる。

また、農業共同体に参加するためには、年初に用意する２０００マルクに加えて、最初だけ３０００マルクを支払わなければならない。このお金は、土地を入手するためにＧＬＳ信託財団から受けた融資の返済に使用される。ベッカーたちは、時間がかかったとしても返済が重要だと考え、そのためのお金を参加者に負担してもらっている。返されたお金は、ドッテンフェルダー農場と同様の状況で困っている農場のために使用される。

ドッテンフェルダー農場の面積は、買い取った約20ヘクタールと、引き続き賃貸契約を続ける約１３０ヘクタールの、合計約１５０ヘクタールである。一人に割り当てられるべき面積を25アール（4分の１ヘクタール）とすると、農業共同体の参加者は６００人が理想的だ。しかし、１９８０年代末に１５０人に近づいたのが最大で、現在は１４０人程度に落ち着いている。理想には届かないものの、約１４０人が自らの土地に対する責任を果たすために貸し倒れリスクを分かち合うおかげで、農場は順調に発展を続けていった。土地利用の永続的保証と並んで、農業共同体の形成は大きな意義をもつ。

なお、現在では、農業共同体への参加には最初に１５００ユーロ（約20万円）が必要であり、その後は毎年41ユーロを負担する決まりになっている。

## 5 農業ファンドによる支援

1980年に約20ヘクタールを取得したことによって、少なくとも中心的な機能を果たす土地が将来にわたって取り上げられることはなくなった。また、賃貸契約を結ぶ土地も投機対象からはずすことをヘッセン州の土地管理組合が配慮してくれるようになり、ベッカーたちは将来を見越した農場の発展計画をたてることが可能になる。

当時、緊急に必要だったのは新しい畜舎で、やはり資金の工面が課題であった。農業共同体の参加者が少しずつ負担することが考えられたが、「畜舎建設のお金は負担が大きすぎる」という理由で、理解は得られなかった。

この状況を解決したのは、ドッテンフェルダー農場が目指す理念に共感した資産家（ヘッセン州ダルムシュタットのソフトウェア株式会社のオーナー）による個人的な贈与である。彼は1981年の夏至の日に「真夏のサンタクロース」を演じ、50万マルク（約6400万円）を贈る約束をした。それはベッカーたちにとって信じられない喜びである一方で、多額のお金を必要とする施設が必要な場合には、農業共同体でまかなうのは難しいことも明らかになった。

1980年代後半に大きな問題となったのは、農場の近くを流れるニッダ川の改修による地下水の水位低下である。とくに乳牛放牧地への影響は大きく、地下水が減少した結果、以前の３分の１程度しか牧草が育たなくなってしまった。放牧地を甦らせるためには散水用の貯水池や浅井戸が必要で、その費用は40万マルクと見積もられたが、ベッカーたちにはよいアイデアが浮かばない。

そこで、ＧＬＳグループに相談した。同じ時期、ＧＬＳグループには有機農業を営む複数の農場から、農地の購入や建物の建設、負債の償却などの資金に融資・助成できないかという相談がもちこまれていたという。こうした切実な訴えを受けて、ＧＬＳ信託財団が１９９２年12月に募集を開始したのが、農業ファンドである(94年12月に募集額に達し、新規申込が締め切られた)。

このとき集められたお金(約１５０人、約１３０万マルク)は、最終的に９農場に分配された。ドッテンフェルダー農場もその一つで、23万マルク(約２０００万円)を受け取り、貯水池を建設し、浅井戸を設置。出資者への配当は、金銭ではなく穀物で支払った。穀物で支払いをすればよかったのは、農業ファンドの仕組みによる。出資者は、２５００マルク以上の証券を引き受ければファンドに参加でき、５０００マルク(約45万円)ごとに有機小麦を毎年１００キロ受け取ることができる。

なお、出資者が希望すれば、出資額の２％以内なら金銭での配当金も選択できる。証券の解約は、出資者が困窮した場合にのみ例外的に認められている。配当を受け取る権利は生涯にわたって保証され、出資者が亡くなった場合は、出資分が農場への寄付となる。投資の性格を有するものの、贈与色が強いのが農業ファンドの大きな特徴である。

この農業ファンドが設立された１９９０年代前半は高金利の時代で、市場金利は６～８％であった。また、死後に出資金が贈与されることから、生涯にわたって配当があったとはいえ、有機農業を支えたいという出資者の思いがなければ成立しえない仕組みである。

## 6 種子基金による支援

種子をめぐる現在の状況を、みなさんはご存知だろうか。農家はよくできた作物から種子を採取し、ときには近所の農家と種子をやり取りし、翌年それらを播いていると思っていないだろうか。かつて当たり前だったこうしたやり方は、近年大きく変わっている。

それは、モンサント社（２０１６年12月にバイエル社が買収）やシンジェンタ社（２０１７年６月に中国化工集団が買収）などの多国籍化学メーカーが種子業界に進出し、特許制度（知的所有権）や種子法を利用しながら、遺伝子組み換え技術を用いて自社で新たに生み出した種子だけが使われるように（加えて、採種を禁じて種子を毎年買わなければならないように）画策しているからである。ドキュメンタリー映画『食の未来』をご覧いただければ、何が起きているのかが短時間で詳しくわかる。

多くの農家が多国籍企業の販売する数種類の種子を使用せざるをえない状況に追い込まれつつある結果、種子の多様性が大きく損なわれた。この問題を長年にわたって追及してきたヴァンダナ・シヴァによれば、たとえばメキシコでは、単一種大面積栽培の広がりによって多様なトウモロコシの品種のうち80％がすでに絶滅し（『食糧テロリズム』）、遺伝子組み換え作物の拡大によってさらに多くの品種が絶滅の危機にさらされているという。多様性の喪失、多国籍企業による食料の支配、遺伝子組み換え作物による環境や健康への影響など、種子については世界全体で考えなければならない深刻な問題がある。

バイオダイナミック農業をはじめとする有機農業の認証において、遺伝子組み換え種子の使用は認められていない。また、遺伝子組み換え作物の多くが農薬や化学肥料の使用を前提としているため、有機農業に向いていない。それらは農薬や化学肥料を使わないと大きく育たないし、病害虫の被害を受けやすい。

ドイツでも、種子法によって、連邦政府の機関に登録された種子以外の売買や譲渡が自由にできなくなり、「有機農業を営みたいが、適切な種子が手に入らない」という声が上がっている。登録には多額の費用がかかり、有機農業を長年営んできた農場でも、他農場に種子を分けるための登録費用負担は難しい。しかも、他の品種と交配しやすい作物（たとえば、大根、白菜、小松菜などアブラナ科の野菜）があったり、採種に手間がかかったりするので、すべての作物の採種を自ら行うのは非常に非効率的である。

ドッテンフェルダー農場の芽キャベツ畑

種子の確保が有機農業の大きなハードルになるなかで、有機農業者の要望を受けて、GLS信託財団が中心となり、種子基金が1996年に設立された。その目的は有機農業に適した種子の普及で、遺伝子組み換えでない品種の育種、それらの申請・登録、販売委託などに要する多額の費用を、多くの人びとから寄付されたお金でまかなう。この取り組みは多くの人びとに支持され、広告をほとんどしなかったにもかかわらず、2年半で60万マルク(約5500万円)が集まった。

集められたお金は、有機農業を営み、育種にも取り組める施設や専門家をもつ農場に助成される。ドッテンフェルダー農場もその一つで、当初から長く支援を受け、有機農業に適した新品種(野菜では人参やキャベツなど、穀物では小麦や大麦など)を送り出してきた。栽培しやすさ、土地への適応性、病害虫への抵抗力、収穫後の日持ち、美味しさと栄養価の高さを意識しながら、育種を続けている。農場で働く農家の一人は次のように語る。

「バイオダイナミック農業の基本的な考え方は多国籍企業の考え方とはまったく逆で、農家の自立であり、育種の目的は多様性を生み出すことだ」

種子基金から助成を受けて各農場で新たに生み出された品種は、育種家の所有物ではなく、育種を支援するために設立された公益事業体の所有物になる。そして、連邦政府の機関に登録された種子が、有機農家に使用される。望むのであれば、彼らは育てた作物から自身で採種できる。

なお、種子基金は２００１年に未来財団（第5章②参照）に統合され、現在に至っている。有機農業を支援するために未来財団の農業分野に寄せられた寄付額は、２０１４年に初めて年間１００万ユーロ（約1億４０００万円）を超えた。種子は文化財・公共財であり、農家だけに遺伝子組み換え作物の問題を任せるべきではないという考えにたち、多くの人びとが寄付などを通じて関われる方法をＧＬＳ信託財団は提供している。

## ⑦ 輝きを増す農場

１９８０年以降のドッテンフェルダー農場の発展は目覚ましい。現在はビート、人参、カボチャ、ジャガイモ、キャベツなど40種類以上の野菜を栽培し、牛、豚、鶏を飼い、それらの飼料も

ドッテンフェルダー農場内の店の野菜売場（撮影：石倉 研）

つくっている。また、当初は自給用だったパンが近所の人たちに好評を博し、チーズとともに農場の名物となっていく。

農場内の店（野菜・加工品売場、パン・チーズ・ケーキ売場、カフェ）に野菜やパンを買いにくる人たち、農業体験をしにくる子どもたち、バイオダイナミック農業を学ぶ研修生……。現在は、都市から多くの人びとが訪れる。閉鎖的な共同体という一昔前の農村像とはかけ離れた農場に成長した。

活発な活動を目の当たりにしたヘッセン州の土地管理組合は、社会的な観点から、農場に貸している土地が投機対象にならないようにすることを決定。1991年末に18年間の賃貸契約が切れたあとも、契約を更新した。GLSグループとの関係は現在も続いているが、変化もある。経営が軌道に乗ってからは、農場内の店の

放牧されている牛（撮影：小山田和代）

建て替えや、冷蔵室の建て増しなどで必要なお金は、贈与や無利子の融資ではなく、ＧＬＳ銀行から通常の条件で借りているのだ。

農場に行くとたくさんの動物が見られる。80頭の乳牛、繁殖目的の36頭の雄牛と18頭の子牛、食用のための12頭の子牛と１５０頭近い牛が飼われている。２００８年からは豚の飼育も始まり、80頭ほどにまで増えた。そのほか約８００羽の産卵鶏が飼われ、人びとに栄養をもたらすとともに、糞は肥料として畑に戻されている。

農場に店舗をつくり、野菜や果実やパンを売るようになったのは１９７０年だった。当初は金曜日の午後と土曜日だけ開いていたが、現在では週６日営業し、欠かせない存在になっている。パンは当初の４種類から33種類に増え、２００１年にはケーキ製造所とカフェが新設された。パンは農場内に加えて、近隣の都市にあるいくつかの提携店でも週に１～２日売られる。

パンとケーキの製造所では12人が働き、年間売り上げ

多くの人びとが集まるカフェ

は約100万ユーロ（約1億2000万円）にも達する。チーズ製造所では5人が働き、15種類のチーズの売り上げは年間約65万ユーロだ。建て替えられた野菜・加工品売場には、他のバイオダイナミック農場から買い足されたものも含めて、3000種類もの商品がひしめき合っている。年間売り上げは150万ユーロほどである。ドッテンフェルダー農場の運営に責任をもつ中心的なメンバーは6人で、パートタイム・フルタイムあわせて150〜170人が農場内で働く。

かつての「盗賊の隠れ家」（69ページ参照）は、多くの人びとが集う心地よい空間に変わった。私が訪れた木曜日の11時ごろ、カフェにはすでに多くの人たちが集まり、楽しそうに談笑していた。

農業学校や研究分野でも成果が上がってい

る。農業学校では年間10人まで、バイオダイナミック農業を学びたい農業者を受け入れてきた。２００９年からは、教育庁関係者が同席するもとで試験に合格すれば、「バイオダイナミック農業専門家」という職業名を公式な身分として使用できる。研究分野では、育種をはじめさまざまな取り組みがなされてきた。バイオダイナミック農業を応用して作りだされた、植物の健康を増進する調合剤もその一つである。「ティレクア」と呼ばれ、とくに小麦の黒穂病に対して効果があることが認められている。

ベッカーは１９９９年に亡くなったが、長い間を共にした仲間や彼の意志を引き継ぐ人びとによって、ドッテンフェルダー農場は「地球を世話する」農業の中心地として輝きを放ち続けている。このような農場を支援するために、ＧＬＳグループの言い方で言えば自らの土地に対する責任を果たすために、私たちはお金を使うことができる。

**【より深く知りたい人のために】**


ヴァンダナ・シヴァ（２００６）『食料テロリズム』浦本昌紀監訳、明石書店（*Stolen Harvest*, 2000）。
トゥラウガー・グロー、スティーヴン・マックファデン（１９９６）『バイオダイナミック農業の創造――アメリカ有機農業の兆戦』兵庫県有機農業研究会訳、新泉社（*Farms of Tomorrow*, 1990）。
ドッテンフェルダー農場ＨＰ（http://www.dottenfelderhof.de/startseite.html）。
西川芳昭・根本和洋（２０１０）『奪われる種子・守られる種子――食料・農業を支える生物多様性の未来』創成社新書。

日本有機農業研究会(２００４)「食の未来」ＤＶＤ(*The Future of Food*, 2004)。

ピーター・プロクター(２０１２)『イラクサをつかめ――土が生き返るバイオダイナミック農法の実践』宮嶋望監修、冠木友紀子訳、ホメオパシー出版(*Grasp the Nettle*, 2004)。

# 第4章

# 「電力の反乱者」への支援

シェーナウ市の街並み（撮影：小山田和代）

シェーナウ電力会社（Elektrizitätswerke Schönau、以下「シェーナウ電力」）は、ドイツ南西部の黒い森（シュヴァルツヴァルト）にある人口２４００人程度の小さなシェーナウ市で誕生した電力会社である。原子力や火力からの電力をいっさい供給しないという異色の電力会社でもある（水力と風力からの電力のみを供給）。ドイツが脱原発先進国であることは、広く知られている。シェーナウ電力はドイツにおけるエネルギー転換のシンボル的な存在である。その成功にはＧＬＳグループが強く関与していたが、このことはあまり知られていない。

章末の参考文献に挙げたように、シェーナウ電力の取り組みはすでにいくつかの出版物や映像作品で紹介されている。成功までの詳細はそれらに譲り、本書ではＧＬＳグループがシェーナウ電力の取り組みに果たした役割と、逆にシェーナウ電力の取り組みがＧＬＳグループに与えた影響を中心に紹介したい。

## 1　電力供給に対する考え方

ミヒャエル・スラーデク、ウルズラ・スラーデク夫妻をはじめとするシェーナウ市民が電力に関心をもつきっかけとなったのは、1986年に起きたチェルノブイリ原発事故（当時ソ連、現在のウクライナ）である。ドイツまで飛んできた放射性物質の影響を心配したシェーナウ市民は、翌年から脱原発を目指す市民運動を始めた。

最初の取り組みは節電。シェーナウ市民は、原発でまかなわれている分の電力量を節約できれば、脱原発は可能だと考えた。節電コンテストには140世帯と小学校や病院などが参加し、1年目に10％以上の節電を達成する。しかし、この運動は壁にぶつかった。なぜなら、電力の料金体系が節電をした世帯に有利になっていなかったからである。基本料金が高く設定されていたため、節電すればするほど1アンペアあたりの電力料金が上がり、経済的なメリットが徐々に少なくなってしまうのだ。

シェーナウ市民が脱原発のために必要と考えたもう一つのコンセプトは、分散型のエネルギー供給である。もっとも重要だったのが小型のコージェネ発電機（熱電併給機）で、各家庭で暖房と同時に発電もできれば、地域内で電力が生み出せるし、送電時に失われる電力も節約できる。生

図４　分散型電力供給のコンセプト

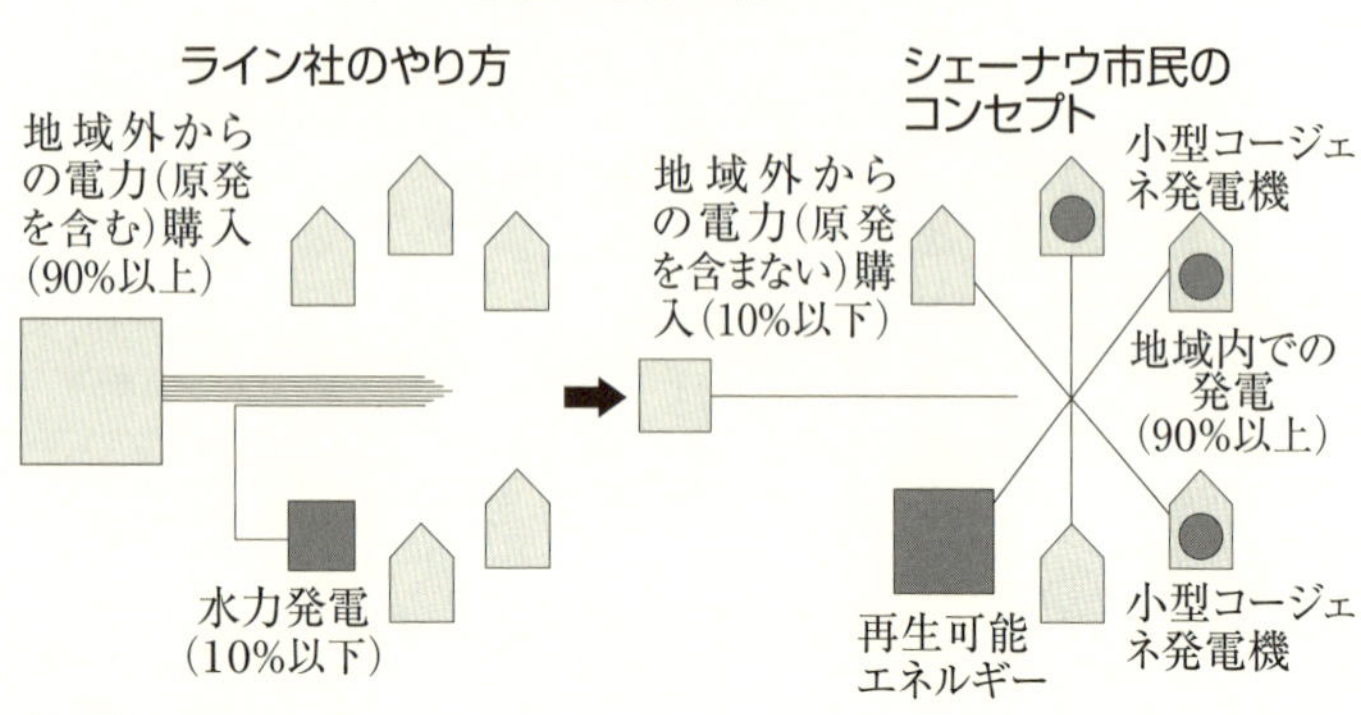


（出所）GKGのパンフレット「Stromnetz in Bürgerhand」(1993年)をもとに筆者作成。

み出した電力と、できるだけ地元でつくられた再生可能エネルギーとを組み合わせるというのが、シェーナウ市民のコンセプトであった(図４)。

こうして、節電を促す料金体系への変更とコージェネ発電の電力の高価格での買い取りを、当時シェーナウ市で電力を供給していたラインフェルデン電力会社(以下「ライン社」)に申し入れた。ところが、市民の意見は受け入れられなかった。電力販売量が減るような提案だったからである。当時のドイツでは、供給を地域独占する電力会社からしか電力を購入できなかった。電力が自由化されたのは１９９８年である。

それでも、シェーナウ市民はあきらめなかった。ライン社が脱原発を目指さないのであれば、自分たちで電力を供給しようと考えたのだ。そのために必要なことは二つ。一つは、シェーナウ市がライン社と結んでいる電力供給のために必要な営業許可契約を、自分たちが新設する電力会社に変更させること。もう一つは、地域独占を可能にしている配電網をライン社から買い取ること。営業許可契約を変更させ、配電網を手に入れられれば、自分たちの考え方に基づく電力供給を行える。しかし、このような事業に前例はまったくない。

シェーナウ市民の活動はドイツ中に知られるようになり、「電力の反乱者」と呼ばれた。そして、シェーナウ市にとどまらず、電力の地域独占体制を打ち破り、脱原発を目指そうとするすべての人びとや地方自治体にとって、注目すべき取り組みになっていく。

## 2 GLSグループによる支援を選んだシェーナウ市民

シェーナウ市内の電力を誰が供給するのかに関する1991年と93年の住民投票によって、市民たちはライン社に代わる営業許可契約を勝ち取った。したがって、ライン社から配電網を買い取り、新たに電力を供給する主体をつくらなければならない。しかし、買い取りには数百万マルクが必要とされた。小さな市に住む普通の人びとが、巨額のお金をどのように調達できるだろうか。

まず候補としてあがったのが、資産管理運用会社の経営幹部であったミヒャエル・ザールフェルトである。彼はシェーナウ市民の前代未聞の事業に関心を示し、配電網を買い取るためのお金を提供してもかまわないかどうか、1991年5月に問い合わせてきた。ザールフェルトは誕生したばかりの再生可能エネルギー市場の有望性に目をつけ、すでに多額の投資を行っており、シェーナウ市の事業も投資先として見合うと考えたのである。彼は「必要なお金はすべて用意する」と約束した。

もう一つの候補がGLSグループだった。人智学を知っているメンバーがいて、GLSグループのことを耳にはさんでいたのだ。もっとも、具体的な取り組みがわかっていたわけではない。GLSグループのモットーと、銀行業界で「変わり者」と呼ばれていることを知っているくらいであったが、彼はこう言った。

「私たちを助けることができるとしたら、それはGLSグループだ。だって、GLSグループの経営哲学は市民運動の支援だから」

1993年6月にGLS銀行シュトゥットガルト支店に電話をかけると、当時支店長だったトーマス・ヨルベルクにつなげられた。電話で少し話した後に、日を改めて飲み屋で相談することになり、その場で配電網を買い取る事業計画をヨルベルクに伝えた。ヨルベルクは関心をもち、すぐにシェーナウ市を訪問。二回目にはGLS銀行の役員を連れてきた。

GLSグループにとっても、シェーナウ電力の事業はきわめて重要だった。1988年に長年付き合ってきたハンブルクの農場に発電用風車を建てるための融資をし、89年には発電用風車に投資するファンドを設けていた。再生可能エネルギーの普及に強い関心をもっていたのである。

後者は、脱原発と再生可能エネルギー普及を目指す活動を対象に、市民がお金を提供できるようにしたという点で、当時の最先端をいく画期的なファンドであった。ただし、当時は再生可能エネルギー普及への出資に、高い貸し倒れリスクがともなっていた。というのは、連邦政府の支援を受けて実施された大型風車（グローヴィアン）の発電事業が大失敗に終わった直後だったからである。この実験事業の挫折によって、ドイツでは「風力発電は死んだ」とまで言われていた。だが、その1年後の1990年10月、再生可能エネルギー電力買い取り法が連邦議会で可決された。そして、小水力、風力、太陽光発電などの買い取り価格が2～3倍に引き上げられるとともに、電力会社に再生可能エネルギー電力の買い取り義務が生じる。

これをきっかけに、GLSグループ内で出資部門を取り扱うようになっていた公益信用保証協同組合（GKG）（第1章④、第5章③参照）が、1990年12月と91年12月にGKG風力ファンド（合計510万マルク（約4億9000万円）、出資者389人）を、93年1月にはGKG水力ファンド（220万マルク、出資者155人）をそれぞれ立ち上げ、再生可能エネルギーの拡大を後押しし始めた。とはいえ、連邦政府や大手電力会社は原発推進の旗を降ろそうとしない。しかも、再生可能エネルギー電力買い取り法への攻撃を始め、エネルギー転換の運動は勢いを失いつつあった。

他の金融機関がまったく関心をもっていないときから、GLSグループは再生可能エネルギー事業にお金をまわしていたが、脱原発につながる決定的な事業を見つけられていたわけではない。「再生可能エネルギー分野で、お金を供給する価値のある、社会の革新につながる事業はどこにあるのか」と模索し続けていたヨルベルクにとって、シェーナウ電力は、まさにＧＬＳグループが探していた事業であった。

一方、配電網買い取り事業への関心をますます強めたザールフェルトは、シェーナウ市民と熱心に話し合い、１９９３年10月に、信頼のおける提案を行う。買い取りのためのお金を確保したいシェーナウ市民にとっては、目の前に大きな小切手がぶらさがっているような状況だったのだ。

ザールフェルトの提案からほどなく、配電網を買い取るお金の相談をするために、今度はシェーナウ市民がＧＬＳグループの本社があるボーフム市に列車で向かった。その車内で、ザールフェルトとＧＬＳグループのどちらから支援を受けるのかについて激しい議論が起きる。明らかにザールフェルト寄りのミヒャエル・スラーデクに、メンバーの一人が厳しく言った。

「たった一人の出資者というのは、私たちの組織に合わない。私たちは市民運動をやっているんだ」

この言葉は、ミヒャエルの心に突き刺さった。

「ザールフェルトに頼れば、事業のお金は確実に調達できる。でも、メンバーの意見は軽視できない。一人の巨額出資者が参加したとき、運動の土台をどこに求めればいいのだろう」

列車がボーフム市に入ったとき、シェーナウ市民の意見は一致していた。

「ＧＬＳグループと共に資金集めをしよう」

ＧＬＳ銀行の役員になっていたヨルベルクは、この決断を喜んだ。
「私たちはこれまでにいくつかのファンドを募集しました。それらはすべて募集額まで出資金が集まりましたよ」

## ③ ファンド・シェーナウによる資金集め

シェーナウ市民の依頼を受けたＧＬＳグループは素早く対応し、１９９３年12月に配電網買い取りのためのお金を集める特別ファンドを公開。「ＧＫＧエネルギー・ファンド・シェーナウ」（以下「ファンド・シェーナウ」）と名付けられた。ファンドの目的は二つ。一つは配電網を買い取る出資金を募ること、もう一つは地元の小水力発電施設に投資するお金を集めることだ。

シェーナウ電力が発足して電力を供給することになれば、シェーナウ市民の考え方に基づいた、地元でつくられる再生可能エネルギーが不可欠だ。小水力発電施設は、分散型電力供給を目指す彼らにとって重要な施設である。元織物工場の敷地内に残る小水力発電施設に少し手を入れれば、年間１７０万kW（キロワット）時の電力量を生み出すことができるという。シェーナウ電力がこの施設を入手できれば、外部から買い足さなければならない電力量を節約できる。

配電網の買い取りには４００万マルク（約３億４８００万円）程度、小水力発電施設の買い取りには200万マルク程度が必要と見込まれていた。そこで、ファンド・シェーナウでは合計600万マルクのうち240万マルク（配電網150万マルク、小水力発電施設90万マルク）を募集。残りの360万マルクは、シェーナウ市民が直接ドイツ中から出資者を募って集めることにした。

出資最低額は5000マルク（約45万円）で、1000マルク区切りで増額できる。出資者が増えれば増えるほど、管理費がかさんで配当額を下げざるをえなくなるので、最低出資額を5000マルクとした。出資金は、15年が経過するまで解約できない。ただし、15年未満でも手数料（出資額の5％）をGKGに支払えば、他人に証券の売却や譲渡はできる。

配当はシェーナウ電力の業績によって変動する。だから、配電網の買い取り時期が遅れたり、営業許可がなかなか下りなかったり、15年以内に再生可能エネルギー電力買い取り法が変更されて小水力発電などへの補助金がなくなったりした場合、配当額が下がる。そのリスクは出資者が負う。こうしたリスクを踏まえたうえで、募集時にGKGが提示した予想利回りは平均年4・3％であった。

ファンド・シェーナウの募集が始まると、次々と出資者が現れた。公開から6カ月後の1994年6月には募集額に達し、受け付けは締め切られた。出資者総数は237人。シェーナウ市民が自ら行う出資者集めもうまくいき、650人から170万マルクが集められた。残りの190万マルクは主に地元の銀行から融資を受けた。こうしてシェーナウ市民たちは、一人の企業家に頼るのではなく、事業に共感する約900人の出資者とともに歩んでいくことになる。

資金集めの協力をしていたときに受けたインタビューで、ヨルベルクはこう答えている。

「銀行が配電網買い取り事業とどういう関係があるのか、とよく尋ねられます。シェーナウ市では、市民による電力供給を目指していますね。それは将来に対する責任をともなったものです。市場や国がもはや解決できない問題に、市民自らが取り組もうとしています。私は、お金には責任が結びついていて、その責任はお金と一緒に簡単に銀行に預けてはいけないと考えているんです」

ファンド・シェーナウでＧＬＳグループがやりたかったのは、お金との責任ある関係とは何かを人びとに問いかけることだったとみることもできる。この意味で、ファンド・シェーナウは、環境保全に意義のある事業に出資する可能性を人びとに提供したと言える。

なお、ファンド・シェーナウは、次節で述べるように配電網の買い取りの遅れによって、当初は予想利回りを支払えなかった（１９９４年３・５％、95年３・６％、96年２・７％、97年３・４％）。しかし、配電網を買い取り、電力供給を始めて以降は予想利回りを配当できるようになっていく（１９９８年４・２％、１９９９年４・４％）。

２０１２年末時点の出資者は２０８人。85％以上が15年経過以降も解約せず、シェーナウ市民の取り組みを応援し続けている。また、２００８年に５・５％、09年に５・６％の配当が行われているから、低金利時代においてきわめて有利な投資先でもある。ファンド・シェーナウは、環境保全に貢献したり社会変革に関わったりできるうえに、経済的なメリットもあるという金融商品に成長した。

## ④「私は厄介者です。」キャンペーン

配電網を買い取るためのお金を集め始めたことをきっかけに、シェーナウ電力は1994年1月に設立された。ついにシェーナウ市民が目指す電力供給を実現できると思われた矢先、予想もしていなかった事態が生じる。ライン社が請求してきた配電網価格が、シェーナウ市民が見積もっていた金額(最高で約400万マルク)よりはるかに高かったのである。その金額は、870万マルク(約7億5700万円)。シェーナウ市民はライン社に抗議し、訴訟に踏み切る姿勢を示したが、ライン社は妥協の余地をまったく示さなかった。

法廷で正当な配電網の買い取り額を判定してもらおう。それがシェーナウ市民の一致した意見であった。判定額については心配していなかったが、訴訟に何年もかかれば、それだけシェーナウ電力が再生可能エネルギーによる電力供給を始めるのも遅れてしまう。それでは勢いがそがれるし、ライン社の請求額がそのまま認められるという万一の事態も想定しなければならない。

それを避けるために、ライン社によって示された額で配電網を買い取って電力の供給を始めたうえで、訴訟を通じて払いすぎた分を取り戻す方法が提案された。しかし、ファンド・シェーナ

ウのような形で再び不足額を集めた場合、同規模の電力供給事業から2倍以上の利益を上げなくてはならない。追加出資分に対して配当金を支払えないことは明らかであった。経営の行き詰まりが目に見えている場合、電力会社に営業許可は下りない。

シェーナウ市民がヨルベルクらと相談しながらたどりついた結論は、寄付集めだった。寄付されたお金を配電網の買い取りに使えば、本来必要のない（追加出資分の）配当金を支払わずにすみ、電力会社の営業も許可される。これが唯一の解決策だった。

手始めに行われたキャンペーンが、チェルノブイリ原発事故からちょうど10年後の１９９６年4月26日に始められた「アトム・カウントダウン」である。寄付を募るにあたって、作家・環境哲学者のカール・アメリーとＧＬＳ信託財団とによって、新エネルギー財団（Stiftung Neue Energie）が設立された。キャンペーンは上首尾に動き出し、２カ月で40万マルク（約４０００万円）が集まった。

だが、配電網の買い取りを実現するためには、約４７０万マルク（約4億６０００万円）を集めなければならない。ミヒャエル・スラーデクは、１００万人の原発反対者に一人５マルクずつ寄付してもらえばまかなえると計算したが、それは簡単なことではなかった。そんなとき、ＧＬＳ銀行の一人が大胆なアイデアを思いつく。

「大手広告代理店に働きかけて、シェーナウ電力の寄付キャンペーンを展開してもらおう」

条件は二つ。シェーナウ市民に経済的負担が一切かからない形でキャンペーンを行ってもらうことと、既存の電力会社との関係をもっていないことだ。このアイデアに対して、ウルズラ・スラーデクは「世の中そんなに甘くない」「いったい何社が応募するのだろう」と思ったという。ところが、驚いたことに広告代理店15社から問い合わせがきたのである。後にウルズラは言っている。

「何か信じられないことがあると、私はいつもこの出来事を思い出します」

15社のうち既存の電力会社を顧客にもっていた9社を除外して、残りの6社から1社を選び、キャンペーンのスローガンが話し合われた。「私たちが配電網を引き受けます」という案が最初に出たが、みんなの賛同が得られない。その後、あれこれ議論しているなかで、新たな案が飛び出した。

「私は厄介者です。(Ich bin ein Störfall.)」

Störfall は原発での故障や事故という意味と同時に、シェーナウ市民を応援する人たちが「原発にとって厄介者」ということも表している。Störfall にはマイナスのイメージがあるなどの反対意見もあったが、「このスローガンならキャンペーンに勢いをもたらす」と考え、議論の末に「私は厄介者です。」に決定した。

キャンペーンポスターのモデルには、12人が選ばれた。生後9カ月の赤ちゃん、23歳の女子大生、45歳の男性……。78歳の老人のポスターのコピーは、以下のとおりである。

「ルードヴィッヒ・シャット(78歳)。農民、趣味で庭仕事師、そして厄介者。実現可能な脱原

78歳の老人のキャンペーンポスター
（出所）『バンクシュピーゲル』159号（1996年）より転載。

発のために、彼のお金を寄付した。彼は、原子力産業の無責任さが気に入らない多くの人びとの一人である。チェルノブイリのあと、彼は自分のリンゴをもはや味わえなくなった。だから、彼はシェーナウのために立ち上がった」

別のポスターの文句もおもしろい。

「トーマス（38歳）、ステファン（26歳）、マルク（23歳）、フランク（32歳）。石工、白ビール愛好家、そして厄介者。彼らは原子力産業の一味が気に入らないので、実現可能な脱原発のためにお金を寄付した。ホップや麦芽を手に入れ続けたいから、シェーナウのために立ち上がった」

ポスターのモデルたちはモデル料を要求しなかったし、写真家たちも無料で仕事をした。キャンペーン用のTシャツもつくられ、黄色の帯の上に「私は厄介者です。」と印刷された。そして、キャンペーンの実施に先立ち、四つの重要な事項が確認された。

①キャンペーンは新エネルギー財団の枠組みの中で実施される。勝訴して戻ってくるお金は同財団に入り、そこからエネルギーの未来を指し示す事業に投じられる。それによって、寄付の効果がもう一度高まる。

②キャンペーンは寄付集めだけにとどまるべきではない。市民運動のポジティブな実例となり、同様のことを行おうと思わせるような勇気を抱かせるモデルになるべきである。

③印刷物の発行数を減らす。それは、費用の削減を目指すからではない。中心的な宣伝媒体である「シェーナウからの便り」を市民自身でコピーし、多くの人びとに配ってほしいからである。コピーの配布というささやかな行為であっても、キャンペーンに多くの人びとが関わることがなによりも大切だ。

④市民運動だから、可能なかぎり多くの団体や運動体に開かれるべきである。実際、グリーンピースや世界自然保護基金、ドイツ環境保護連盟など多くの団体が協力した。

これらを踏まえて作成されたのが「シェーナウからの便り」である。読者がファンドレイジング(資金集め)を行う際に参考になると思われるので、呼びかけ文を全訳した(資料1)。

資料2の左側が呼びかけ文で、右側には具体的な支援方法が示されている。1はこの便りをコピーして配る(左側に切り取り線がある)、2と3は寄付を行う、4はTシャツを買う。Tシャツは1枚22マルクで、売り上げのほぼ全額が寄付にまわるほか、このTシャツを着て外出すれば、

## 資料1「シェーナウからの便り」の呼びかけ文の全訳

### 「私は厄介者です。」

**黒い森のシェーナウからの便り**

親愛なる友人、近隣の人びと、そしてドイツ中のみなさん！

もしかすると、あなたたちはすでに聞いたことがあるかもしれません。私たちシェーナウ市民は、原発でつくられた電力をもはや買いたくないので、配電網を買い取りたいと思っています。しかし、このことはシェーナウ市のため以上に、もっと大事な問題です。というのは、実現可能な脱原発につながるからです。そして、そのために、私たちはあなたたちを必要としています。

「私たち」は、全員がシェーナウ市に住む普通の市民で、チェルノブイリのことを真剣に考えてきた者たちです。私たちは何かをしなければなりませんでした。10年間にわたって、私たちはシェーナウ市における新しいエネルギーコンセプトのために尽力し、今日すでに原子力でつくられた電力が地元でつくられた電力に置きかえ可能なことを示すことができました。しかし、巨大な電力会社は、これを実行するのにまったく向いていません。だから、私たちは自分たち自身が電力会社にならなければならなかったのです。今年の3月に、シェーナウ市における電力供給の権利がついに私たちに移ります。これは市民によって決められました。厄介者というのは、原子力産業に頼らない人びとです。

ここに一つだけまだ問題があります。現在の配電網の所有者が、シェーナウの配電網に対して870万マルクを請求しているのです。正しい評価額では、その半分以下の価値なのにかかわらずです。望まれている計画や新しいエネルギーコンセプトが現在の電力供給会社によって邪魔されています。

私たちはどんな場合でも配電網を買い取ります。私たちは500万マルクを超える額をすでに集めています。買い取り後すぐに、私たちは買い取り価格について異議を唱えます。高められすぎた請求額は、裁判での査定に耐えられません。巨大な電力会社によって請求された配電網の査定額を裁判でくつがえすことには、根拠のある見通しがあります。この訴訟は、シェーナウ市だけでなく、配電網買い戻しのスタートを待っている多くの他の地方自治体にとって重大な意味を持ちます。そのときには、多くの地方自治体にとって分散型のエネルギー供給が考慮に値するものになり、この基盤がドイツにおけるエネルギー政策の転換を可能にさせます。

転換を始めようと考えるみなさん、ご支援ください。新エネルギー財団に寄付することで、みなさんは厄介者になれます！新エネルギー財団は、裁判で勝ったのち、取り戻したお金を新しい事業に使います。

かつてない連鎖反応を引き起こそうと考えるみなさん、ご支援ください。みなさんはこの便りをコピーして、知り合いに送信したりファックスしたりすることで、さらに運動を広められます。

もっと情報がほしい方は、以下の電話番号、ファックス番号にご連絡いただくか、インターネットのサイトをご覧ください。

後援：新エネルギー財団、GLS銀行、そのほか多くの人びとと多くの団体

実現可能な脱原発のための行動

資料２「シェーナウからの便り」

**Ich bin ein Störfall.**

**Ein Brief aus Schönau im Schwarzwald**

Liebe Freunde, Nachbarn, Mitbürgerinnen
und Mitbürger !

Vielleicht haben Sie schon davon gehört: Wir Schönauer wollen unser Stromnetz kaufen, weil wir in Zukunft keinen Atomstrom mehr beziehen möchten. Doch es geht um mehr als um Schönau. Es geht um den machbaren Ausstieg aus der Atomenergie. Und deshalb brauchen wir Sie.

„Wir", das sind ganz normale Schönauer Bürgerinnen und Bürger, die nach Tschernobyl das Gefühl hatten, etwas tun zu müssen. Über zehn Jahre haben wir uns für ein neues Energiekonzept in Schönau eingesetzt. Wir können zeigen, daß sich Atomstrom heute schon durch vor Ort erzeugten Strom ersetzen läßt. Den großen Stromversorgern paßt das aber gar nicht. Deshalb mußten wir selbst Stromversorger werden. Dieses Jahr im März wurde uns endlich das Recht für die Stromversorgung in Schönau übertragen – durch Bürgerentscheid. Ein Störfall, mit dem wohl niemand von der Atomwirtschaft gerechnet hätte.

Da wäre nur noch ein Problem: Der jetzige Stromnetzbesitzer verlangt 8,7 Mio. DM für das Schönauer Stromnetz. Obwohl es – korrekt bewertet – nicht einmal die Hälfte wert ist. Unter Energieversorgern eine beliebte Methode, neue Energiekonzepte zu verhindern.

Bis jetzt. Denn wir kaufen das Netz auf jeden Fall – etwas über 5 Mio. DM haben wir schon zusammen. Doch sofort nach Übernahme werden wir den Kaufpreis anfechten. Die überhöhte Forderung wird einer gerichtlichen Prüfung nicht standhalten, und es bestehen berechtigte Aussichten, daß die Rechtsprechung die von den großen Stromversorgern geforderte Netzpreisbemessung kippt. Dieser Prozeß hat über Schönau hinaus grundsätzliche Bedeutung für viele andere Gemeinden, die auf dieses „Startsignal" für den Netzrückkauf warten. Dezentrale Energieversorgung rechnet sich dann für viele Gemeinden – das könnte die Basis einer energiepolitischen Wende in Deutschland sein.

**Helfen Sie, die Wende einzuleiten: Werden Sie Störfall! Mit Ihrer Spende an die Stiftung Neue Energie, in die das Geld nach gewonnener Klage für neue Projekte wieder zurückfließt.**

**Helfen Sie, eine noch nie dagewesene Kettenreaktion auszulösen: Kopieren Sie bitte diesen Brief und schikken oder faxen Sie beides an Bekannte weiter !**

Mehr Informationen gibt es unter Tel: 076 73 - 93 15 78,
Fax: 076 73 - 93 15 80 und im
Internet: http://www.oneworldweb.de/schoenau/

**Was können Sie tun?**

**1. Bitte kopieren und verteilen Sie diesen Brief**

**2. für direkte Spenden:**

Ich ....................
ermächtige die Stiftung Neue Energie/GTS e.V. von meinem Konto .................... bei der ....................
BLZ ....................

☐ einmalig den Betrag von DM .................... abzubuchen oder

☐ über ...... Monate, jeweils zum ☐ 1 ☐ 15 ☐ 30 des ........ Monats, beginnend ab .................... jeweils den Betrag von DM .................... abzubuchen.

Hinweis: Sie können gegen die erfolgte Abbuchung innerhalb von sechs Wochen Widerspruch einlegen. Teilen Sie den Widerspruch Ihrer Bank mit, die dann auch bereits überwiesenes Geld wieder rückbelastet.

Datum .......... Unterschrift ....................

**3. Spende überweisen:**

Alternativ können Sie uns Ihre Unterstützung auch per Überweisung zukommen lassen: Stiftung Neue Energie/GTS e.V., Konto 19 19, bei der GLS Gemeinschaftsbank, BLZ 430 609 67. (Bitte vergessen Sie nicht Ihre Anschrift einzutragen für die Spendenbescheinigung.)

☐ Bitte schicken Sie mir eine Spendenbescheinigung

**4. T-Shirt bestellen:**

Hiermit bestelle ich ..........(Anzahl) T-Shirts (Aufdruck: „Ich bin ein Störfall") in der Größe ☐ L ☐ XL ☐ XXL zum Stückpreis von DM 25,- incl. Versand, zzgl. Nachnahme.

Datum .......... Unterschrift ....................

**Für Ihre Adresse:**

Vorname, Name ....................
Straße ....................
PLZ, Ort ....................
Telefon ....................

**Schicken Sie uns diese Antwort per Brief oder** Fax: Stiftung Neue Energie, Postfach 10 08 29, 44708 Bochum, Fax: 02 34 - 307 93 33

Unterstützt von: Stiftung Neue Energie, GLS Gemeinschaftsbank eG und vielen anderen Menschen und Organisationen

**AKTION MACHBARER AUSSTIEG AUS DER ATOMENERGIE.**

（出所）『バンクシュピーゲル』159 号（1996 年）より転載。

キャンペーンを広められる。

基本方針を決めるためにシェーナウ市で開かれた4日間の話し合いと、2カ月間の慌しい準備期間を経て、キャンペーンが始まったのは1996年9月10日である。開始後すぐに、新聞や雑誌に広告が掲載され、テレビや映画館でコマーシャルが繰り返し流された。キャンペーンはドイツ中の人びとの関心をひき、雑誌で「華々しい活動」として紹介された。広告代理店によるキャンペーンは大成功したのだ。宣伝に関わった人びとは、報酬を得ずに、自発的に専門知識や技能を提供した。

寄付も続々と集まった。大事なおこづかいを寄付した小さな子ども、二度にわたって2万5000マルク（約250万円）を寄付したフランスの女性、「わしらは厄介者じゃ。」をモットーに誕生日プレゼントの代わりに寄付をお願いした年配の方々、1996年の配当金の3分の1（約18万マルク）を寄付したファンド・シェーナウの投資家たち……。さまざまな年代のいろいろな背景をもつ人びとが寄付した。

大口の寄付を行ったアルフレッド・リッターもその一人である。彼は、日本でも販売されているリッター・スポーツ・チョコレートを製造している大手企業の代表だ。チェルノブイリ原発事故でトルコのヘーゼルナッツが汚染され、生産に支障をきたした経験と、既存の電力会社を多少なりとも困らせたかったことなどから、20万マルク（約2000万円）を寄付した。さまざまな人びとが多様な想いをもってシェーナウ電力を支援したという。

最初の6週間で100万マルクが集まり、キャンペーン終了時にはほぼ200万マルク（約2億円）が集まった。

## 5 買い取りの成功と新エネルギー財団の設立

シェーナウ市民への支持が広がる一方で、ライン社には多くの非難が寄せられていく。その結果、ライン社は配電網の売却額を870万マルクから570万マルク（約5億円）に引き下げざるをえなくなった。シェーナウ市民は、ファンド・シェーナウや寄付キャンペーンで集めたお金を使って、1997年7月ついに配電網をライン社から買い取る。

こうして、シェーナウ電力は電力の供給を始めた。電力自由化以降は、分散型電力供給のコンセプトに共感するドイツ中の人びとが顧客になっている。顧客数は2014年に15万人を突破し、約750GW（ギガワット）時の電力量を供給するまでに成長した。

シェーナウ電力は基本料金をできるだけ低額にして節電を促し、太陽光発電設備や小型コージェネ発電機などの設置を支援するための費用を電気料金に上乗せしている。シェーナウ電力のHPによると、この割増金によって、現在、約2600の設備がドイツ全土に設置され、その発電能力は2万6000kWだ（ただし、設置を支援した設備からシェーナウ電力が直接買い取るわけではない）。シェーナウ電力から電力の供給を受ければ、支払う電力料金は原発関連企業にはいっさい向かわず、再生可能エネルギーの普及が支援できる。これもお金との新しい付き合い方の一つと言えるだろう。

２００５年７月、配電網の買い取り価格をめぐる訴訟が結審した。シェーナウ市民は５７０万マルクをライン社に支払ったが、配電網の適正査定額は３５０万マルクと評価されたのだ。その結果、利子も含めて約２３０万マルク（約２億円）が払い戻される。シェーナウ市民はファンド・シェーナウなどによって４００万マルク程度を集めていたので、寄付キャンペーンで集めたお金は、実際には必要なかったわけだ。

これは、配電網の買い取り価格に対するシェーナウ市民やＧＬＳグループの見積もりが正しく、自らの手による電力供給が経済的にも可能であることを示している。一方で、寄付キャンペーンを通じて多くの人びとの共感を得なければ、ライン社は配電網の買い取り価格を引き下げず、買い取り事業は失敗に終わっていただろう。

ドイツにおける脱原発の流れをつくったという点で、寄付キャンペーンは大きな役割を果たした。払い戻されたお金のほとんどは、キャンペーン時の約束どおり、寄付キャンペーンをきっかけに設立された新エネルギー財団によって使われていく。

寄付によって支えられる新エネルギー財団の目的は、シェーナウ市民が取り組んだような、分散型の再生可能エネルギーの普及を市民の手で実現するための支援だ。なかでも、配電網買い取り事業のような、他地域の模範となる取り組みを重視する。市民からの小口の寄付を重視し、市民による市民のための財団を目指している。企業や裕福な篤志家によって支えられるのではなく、多くの市民によって支えられているという点が、新エネルギー財団の大きな特徴だ。自らの取り組みを紹介したパンフレットには、こう書かれている。

「財団からのお金は、政府や経済界がエネルギー問題を解決してくれると期待している人びとにではなく、自己責任と自らのイニシアティブをもって積極的に行動する人びとに向けられます」

払い戻されたお金を含む新エネルギー財団の原資は、採算のとれる再生可能エネルギー事業に運用され、利回り分は採算こそとれないものの重要な事業にまわされる。現在もシェーナウ電力と密接に連携して活動し、２０１４年以降は「原発に対してお金を流すな」キャンペーンを共同実施している。

このキャンペーンは、イギリス南西部のヒンクリー・ポイント原発新設計画が２０１４年10月にＥＵ委員会に承認されたことを契機に始められた。イギリスでは20年ぶりとなるこの原発新設計画の大きな問題は、発電された電力の35年にわたる固定価格での買い取りが認められたことである。その買い取り価格は、現在の市場価格の2倍にもなるという。シェーナウ市民が生み出した脱原発の流れを逆行させせかねないこの新設計画に対して、ヨーロッパ全土を巻き込んだ抗議活動が展開され、約18万人の人びとや30の環境団体などがＥＵ委員会に抗議文を送った。

シェーナウ電力の寄付キャンペーンの成功や新エネルギー財団の設立は、ＧＬＳ信託財団のその後の展開に大きな影響を与えた。同財団はそれまで大口の寄付者のみを対象にし、一般市民からの寄付をほとんど受け付けていなかった。しかし、シェーナウでの変革を目の当たりにして、多くの市民からの小口の寄付を集めて同財団が管理し、各団体に助成するというやり方が、2000年以降、農業、教育、途上国支援などの分野で実施されていく。この取り組み（未来財団）については、第5章②で再び触れたい。

小さなシェーナウ市の取り組みは、ドイツのエネルギー政策に大きな影響を与えた。脱原発の流れとともに、中央集権的なエネルギー政策の行き詰まりが明らかになり、再生可能エネルギー法が2000年4月に施行されたのだ（1990年の再生可能エネルギー電力買い取り法のコンセプトを引き継ぎつつ、発電費用に応じた固定価格での買い取りと再生可能エネルギー優先という二つのルールを原則として取り入れた）。その2カ月後には、連邦政府と大手エネルギー企業の間で脱原発への具体的な道筋が合意された。

そして、エネルギー政策の実権を市民の手に取り戻す運動は、ハンブルクやベルリンなどの大都市にも広がっていく。こうしたエネルギー政策の転換は、シェーナウ市民やＧＬＳグループに顕著なように、市民の先導によって起きている。また、固定価格買い取り制度によって採算がとれるようになって以降、再生可能エネルギー分野はＧＬＳ銀行の主要な融資先に成長。ＧＬＳグループや新エネルギー財団がイニシアティブをとりながら市民エネルギー同盟組合（Bündnis

Bürgerenergie e.V.）を創設し、「下から」のエネルギー転換を支え続けている。

シェーナウ市の成功は、徐々に日本でも知られていく。福島原発事故以降は、シェーナウ市民が積極的に日本と関わりをもっている。その象徴の一つが「電力の反乱者」賞の授与である。

この賞はシェーナウ電力とシェーナウ市が共同で選考しており、電力に関する個人的な取り組みによってヴィジョンを転換させたり、エネルギー転換の障害を克服したり、環境保全や経済システムの変革に尽くしたりした個人に授与される。２００１年の第１回はリッター、翌年の第２回はヨルベルクが受賞している。この名誉ある賞に、２０１４年は大塚愛（子ども未来・愛ネットワーク）、山本太郎（俳優、参議院議員、反原発活動家）、佐藤彌右衛門（酒造家（大和川酒造）、電力パイオニア（シェーナウ電力をモデルとした会津電力株式会社の設立者））の３人が選ばれた。

日本でも２０１６年４月に、家庭向け電力が自由化された。私たち自身が電力やお金とどのように付き合っていこうとしているのかが、シェーナウ市民に問われているのかもしれない。

**【より深く知りたい人のために】**

シェーナウ電力会社ＨＰ（http://www.ews-schoenau.de）。

自然エネルギー社会をめざすネットワーク（２０１２）『シェーナウの想い』ＤＶＤ（*Das Schönauer Gefühl*, 2008）。

田口理穂（２０１２）『市民がつくった電力会社――ドイツ・シェーナウの草の根エネルギー革命』大

月書店。

千葉恒久（２０１３）『再生可能エネルギーが社会を変える――市民が起こしたドイツのエネルギー革命』現代人文社。

寺林暁良（２０１４）「エネルギー転換を支える金融機関――ＧＬＳ銀行の取組みと日本での展開可能性」『環境と公害』第43巻第４号。

西尾漠監修（２０１２）『原発をやめる１００の理由――エコ電力で起業したドイツ・シェーナウ村と私たち』築地書館（*100 gute Gründe gegen Atomkraft*, 2009）。

# 第5章

# GLSグループの独特な運営方法

GLS 銀行本店の建物。入口の上に「GLS Bank」と書かれている

本章では、GLSグループのお金についての新しい考え方を、寄付を元手にした助成(贈与)、信用保証・出資、融資の業務でどのように反映させてきたか、社会状況の変化にどのように対応してきたのか、みていく。そして、通常の金融機関と異なる点はどこなのか、第3章や第4章で紹介したお金の融通がなぜ可能なのかを明らかにしたい。

本章中のユーロ(わかりやすくするために、ユーロ導入以前もマルクを換算してユーロに統一)の金額は、他の章とは異なり、基本的にインフレ調整後の値にした(各年次報告書などに記されている名目値ではなく、消費者物価指数を勘案した、2015年現在の価値でどのくらいかという実質値)。なぜなら、GLS信託財団が設立された1961年と2015年では、お金の価値が3倍程度も異なるからである。この間にインフレーションが進み、お金の価値が下がったため、たとえば1961年の1000ユーロは、2015年の約3000ユーロに相当する価値があったことになる。したがって、長期的なトレンドを正確に把握するためには、インフレを調整しなければならない。

## 1　拡大するGLSグループ

第1章のボーフム・シュタイナー学校、第3章のドッテンフェルダー農場、そして第4章のシェーナウ電力の事例をとおして、GLS（貸すことと贈ることのための共同体）グループが金銭面でさまざまな支援をしてきたことを明らかにしてきた。その主要業務は、①GLS信託財団が主に担ってきた寄付を元手にした助成（贈与）、②当初は公益信用保証協同組合（GKG）が担っていた信用保証、③GLS銀行が主に担う融資である。さらに、第4章2・3で触れたように、1991年以降はGKGが取り扱う出資が加わる。出資は、1995年10月以降GKGの後継組織であるGLS出資株式会社（GLS Beteiligungsaktiengesellschaft）が主に担ってきた。

現在のGLSグループは、主に信託財団、協同組合銀行、出資株式会社の三組織から構成されており、助成（GLS信託財団）、信用保証と融資（GLS銀行）、出資（GLS出資株式会社）をうまく組み合わせながら、活動を続けている。

第1章では1961年にGLS信託財団が誕生し、74年にGLS銀行が設立されるまでの流れをみた。その後のGLSグループの5年ごとの規模の変化は、**表1**のとおりである。贈与（助成）を中心に扱う信託財団としてスタートしたが、金額的には融資の割合が大きいことがみてとれ

表１　GLS グループの規模の変化

（単位：1000 ユーロ）

| 年 | 助成額 | 信用保証額 | 融資額 | 出資額 | 主な事項 |
|---|---|---|---|---|---|
| 1976 | 238 | 1,894 | 10,390 | 0 | ニクソン・ショック（1971） |
| 1980 | 730 | 1,865 | 20,522 | 0 | |
| 1985 | 1,967 | 1,459 | 27,505 | 0 | |
| 1990 | 2,021 | 2,547 | 37,549 | 1,635（1991） | 調整・保障基金設立（1990） |
| 1995 | 4,438 | 2,759 | 62,227 | 7,944 | GLS 出資株式会社設立（1995）、GKG 解散（1997） |
| 2000 | 8,478 | 8,607 | 253,221 | 111,640 | 破綻したエコバンクの業務引き受け（2003） |
| 2005 | 7,372 | 8,552 | 367,505 | 96,834 | リーマン・ショック（2008） |
| 2010 | 7,344 | 33,075（2009） | 920,796 | 204,699 | |
| 2015 | 10,518 | 78,600 | 2,129,500 | 285,116（2012） | |

（注１）カッコ内は年。数値は各年の年末日（12 月 31 日）の値。
（注２）金額は、ユーロ換算（1 ユーロは約 2 マルク）、インフレ調整後の値。
（出所）GLS グループの年次報告書をもとに筆者作成。

る。なお、出資額は、第４章で紹介したＧＫＧ風力ファンドやファンド・シェーナウなどのように、シェーナウ電力などの企業に代わってＧＬＳグループが募った出資金の額を指している。融資には及ばないものの、近年急増している業務である。

ＧＬＳグループは、とくに融資を中心に、１９９０年代中ごろから後半にかけて規模が拡大する。さらに、２００８年のリーマン・ショック後にも急激に拡大した。一方で、金融関連の法律が変わり、金融規制が厳しくなるなかで、銀行を中心にこれまで行ってきた方法の継続が困難になっている。

## ２　ＧＬＳ信託財団による贈与

贈与に関する業務を中心的に行ってきたのはＧＬＳ信託財団である。同財団はＧＬＳグループの基礎であり、１９６１年６月に創設された。

### 資産家の資産を公益事業に役立てる財団

第１章で述べたように、当初ＧＬＳ信託財団が主に相談を受けていたのは、資産家たちである。資産を増やすのではなく、公益事業に役立てる方法を、資産家とともに考えてきた。その際よく提案されたのが財団の設立である。たとえば、話し合いのなかで資産家が農業支援を望んでいることがわかれば、まず財団設立のために巨額の寄付を依頼する。そして、財団の資産から運用益が出たら、助成先についてＧＬＳ信託財団が提案する。

「ドッテンフェルダー農場から、在来種の種子の保存用の倉庫を建設したいという申し出がありました。これには有機農業に適した種子の多様性の維持・拡大という意義があります」

これを受けて、資産家が助成先選定についての判断を下す。財団設立までに、数カ月から数年かかる場合もある。ＧＬＳ信託財団が話し合いを重視していたこともあり、設立に関する相談では基本的に手数料はとらない。レックスロートの遺産からの収入(第1章[3]参照)で人件費や運営費をまかなうか、相談者に対して同信託財団への寄付をお願いしてきた。

財団にはいくつか種類がある。現在の基準では、完全に自立した財団の設立には最低300万ユーロ(約4億円)、GLS信託財団に資産の管理を任せるときは最低30万ユーロの寄付金(元本)が必要とされている。多くの小さな財団を集めて一つの財団をつくる(家財団(Dachstiftung)と呼ばれる)場合は、最低3万ユーロだ。この場合は、GLS信託財団の資産運用に対して寄付者は細かい注文がつけられない。

GLS信託財団に資産管理を任せる場合、財団の規模の0・4〜0・75%の手数料をとる。そこには、設立手続き、助成先の決定に関する相談、簿記やバランスシートの作成などの料金が含まれている。資産家はこの手数料を払いさえすれば、助成に関わる煩わしい手続きをせずにすみ、財団の運用益をどの公益事業に助成するかを決定するだけでよい。1%に満たない手数料で財団を管理できるのは、レックスロートの遺産があるからだ。以前は無料だったが、資産収益率の低下にともない遺産の運用益が減ったため、2010年ごろから手数料をとるようになった。とはいえ、きわめて低額だから、運用益のほとんどが公益事業体への助成に充てられる。

GLS信託財団が管理する資産の運用については、40年以上にわたってGLS銀行が助言してきた。資産運用は、最大の運用益を求めて行われるわけではない。各財団の理念に基づいて、責任を意識したお金との付き合い方が実現されるように運用する。たとえば環境保全を目的とする財団であれば、再生可能エネルギー事業への資産運用を重視する。代表的な運用方法は、融資、株式などの有価証券の購入、ＧＬＳ銀行への預金だ。

融資には、利子をとる場合と利子をとらない場合がある。資産家の生存中は融資の形をとり、死亡後に寄付へ切り替えるタイプもある。運用先や運用方法も資産家の意志を重視し、資産家が寄付した資産をどのようにしたいのかによって、変えていく。低成長時代に入り、かつてほど多くの運用益が見込めなくなった近年では、助成を続けたい公益事業体があるにもかかわらず運用益が足りない場合、元本の切り崩しを資産家に提案することもある。

## 運用益中心の助成

このように、資産家と話し合い、信託された資産をＧＬＳ信託財団が管理・運用し、運用益を資産家が望む形で（財団の支援目的にしたがって）公益事業体に助成する。これが長い間ＧＬＳ信託財団の中心業務であった。そのことを確認するとともに、近年の変化をみていくために、基本データを確認しながら話を進めていこう（表２）。

表２のうち、管理している資産には、ＧＬＳ信託財団が管理を任されている財団のほかに、レックスロートらがＧＬＳ信託財団に寄付した資産が含まれている。運用益は、それらの資産から生じた利益である。寄付受入額には、資産運用のために長期にわたって管理しなくてはならない寄付は含まれていない。すぐに公益事業への助成として使える寄付のみを示している。財団を設

表２　GLS 信託財団の基本データ

（単位：1000 ユーロ）

| 年 | 寄付受入額 | 運用益（A） | 助成額 | 管理している資産（B） | B のうち自由資産 | 資産収益率（A／B） |
|---|---|---|---|---|---|---|
| 1976 | 90 | 2,233 | 238 | 27,480 | 3,406 | 8.1% |
| 1980 | 70 | 2,148 | 730 | 38,029 | 5,347 | 5.6% |
| 1985 | 1,277 | 1,702 | 1,967 | 40,302 | 5,628 | 4.2% |
| 1990 | 61 | 1,172 | 2,021 | 31,894 | 4,410 | 3.7% |
| 1995 | 109 | 1,566 | 4,438 | 42,051 | 4,166 | 3.7% |
| 2000 | 9,909 | 3,989 | 8,478 | 89,919 | 4,231 | 4.4% |
| 2005 | 7,950 | 2,809 | 7,372 | 55,720 | 3,784 | 5.0% |
| 2010 | 5,845 | 2,994 | 7,344 | 78,056 | 12,707 | 3.8% |
| 2015 | 6,841 | 3,731 | 10,518 | 105,753 | 11,351 | 3.5% |

（注 1）数値は各年の年末日（12 月 31 日）の値。
（注 2）金額は、ユーロ換算（1 ユーロは約 2 マルク）、インフレ調整後の値。
（出所）GLS グループの年次報告書をもとに筆者作成。

立できるほどのお金を持たない寄付者からの小口の寄付が多い。自由資産はＧＬＳ信託財団が自由に使途を決められるお金で、積立金のような性格である。

公益事業体への助成は、基本的には寄付受入額と運用益を元手になされる。それらでまかなえない場合は、自由資産が切り崩される。逆に、ＧＬＳ信託財団への寄付や同財団が持つ資産からの運用益が大きいときは、自由資産が積み増しされる。

大まかにみると、１９８０年代前半までは資産収益率（運用益／管理している資産）が高かったため運用益も多く、自由資産の積み増しができ、自由に使えるお金も増えていった。１９８０年代後半以降は、徐々に自由資産が切り崩されていく。２０１０年に自由資産が急増したのは、使用にあたっての条件がつけられていたレックスロートの遺産の一部（100万ユーロ）が、管理している資産から自由資産に組み替えられたためで、運用益やGLS信託財団への寄付が急増したわけではない。

現在GLS信託財団が管理している資産は約1億500万ユーロ（約141億円）で、その運用益や寄付金によって年間600以上の公益事業体に対して約1000万ユーロを助成している。助成先は年次報告書で誰でも確認できる。

表2から明らかなのは、2000年になるまでGLS信託財団の助成の源泉が主に運用益であり、財団のために管理される資産の信託以外の寄付はわずかだったことである（全収入（寄付受入額＋運用益）に対する寄付受入額の割合は、1985年を除くと3〜7％）。1985年の寄付受入額（約128万ユーロ）が大きい理由は不明だが、前後の年と比べても異例である（1983年は約6万ユーロ、84年は約3万ユーロ、86年は約32万3000ユーロ、87年は9万6000ユーロ）。

## 未来財団の設立とクラウドファンディングの開始

1980年代半ばには、すでに資産収益率の低下によって運用益は減少傾向にあり、規模を縮小せずに助成を続けていくためには、他の収入源を見つけなければならなかった。そこで、1996年の「私は厄介者です。」キャンペーンの成功（第4章④参照）をきっかけに未来財団を設立し、次々に新たな分野を扱うようになっていく。2000年から01年にかけて、教育、途上国支援、農業、再生可能エネルギー（新エネルギー財団）、社会生活、健康の6分野でつくられた。

未来財団は、それまで受け付けていなかった小口の寄付(とはいえ最低3000ユーロ(約40万円))にも対応する。そして、基本的に財団の資産として蓄積されるのではなく、すみやかにGLS信託財団が選んだ各分野の公益事業体に助成される。寄付者は、6分野から自分が支援したい分野を選択できる。2000年以降の寄付受入額の急増には、未来財団の設立が大きく貢献しており、助成を支える重要な要素となっている(2000年以降は、全収入に対する寄付受入額の割合が65%~75%)。

さらに、小口の寄付者が贈与のプロセスに参加しやすくするために、2015年6月にクラウドファンディングが始められた。GLS信託財団のHPで、共同体クラウド(Gemeinschaftscrowd)と名付けたプラットフォーム(お金の出し手と受け手を引き合わせるインターネット上の場所)を提供している。その特徴は三つある。第一に同財団の価値観に合う公益事業体の個別事業を支援すること、第二に寄付者が支援する公益事業を直接選べること、第三に公益事業に資金的な支援をするためには一定の支援者(ファン)を集める必要があることだ。

クラウドファンディングは、インターネットの普及によって可能になった。運営コストが格段に低下し、少額であっても寄付者が支援したい公益事業が直接選べる。ファン制度を取り入れて事業に多くの人びとが関わることを条件としている点は、非常にGLSグループらしい。

共同体クラウドでは、設定期限内に目標寄付額を集められなければ、事業が社会に受け入れられなかったと判断され、寄付金は100%寄付者に返還される。目標寄付額を集められたときのみ助成が受けられる。その際、事業実施者はＧＬＳ信託財団に10％の手数料を支払う。２０１５年末までに約10万ユーロ（約１３００万円）が集められ、約10の公益事業が支援された。ドッテンフェルダー農場も支援を受け、小中学生が農業を学ぶ施設に新しいキッチンがつくられている。

未来財団や共同体クラウドの誕生によって小口の寄付者が急増したが、小口の寄付者に対する門戸開放だけで寄付が大量に集まったわけではない。重要なのは透明性である。未来財団の設立以前は、ＧＬＳ信託財団に小口の寄付をしても、どの公益事業体のどの事業に助成されるのかが事前にわからず、同財団の判断に任せるしかなかった。財団を設立した場合には、自らの財産の信託によって生じた運用益を自分が望む目的に助成できたが、通常の寄付では自分の意志を反映させられなかったのである。

これに対して未来財団は、自分の寄付によって何が達成されたのかが寄付者に見えやすい。たとえば再生可能エネルギー分野を指定して寄付すれば、どの事業に助成されるかまではわからないが、再生可能エネルギーを促進する公益事業に使用されるから、自らが望む社会の実現に寄与できる。この透明性の向上から生まれる「寄付で行われる公益事業に自分が関与している」という気持ちをより大きくできるのが共同体クラウドで、事業自体を自ら選択できる。

ここまで、主に収入面からＧＬＳ信託財団について述べてきた。最初は資産家が社会に貢献する方法を一緒に考える場であったが、現在ではそれほど資産を持たない人びとにも社会を変えるための手段を提供する場になっていることがわかる。バルクホフはかつて次のように語った。

表３　GLS 信託財団の分野別助成額

（単位：1000 ユーロ）

| 年 | 教育 | 途上国支援 | 健康 | 治癒教育 | 農業・環境 | 芸術・文化 | その他 | 総計 |
|---|---|---|---|---|---|---|---|---|
| 1976 | 62 | 0 | 0 | 8 | 112 | 0 | 55 | 237 |
| 1985 | 304 | 0 | 252 | 0 | 171 | 82 | 1,158 | 1,967 |
| 1995 | 1,406 | 745 | 648 | 107 | 469 | 356 | 707 | 4,438 |
| 2005 | 1,749 | 1,991 | 403 | 121 | 754 | 384 | 1,970 | 7,372 |
| 2015 | 613 | 5,071 | 552 | 259 | 2,092 | 252 | 1,679 | 10,518 |

（注 1）数値は各年の年末日（12 月 31 日）の値。
（注 2）金額は、ユーロ換算（1 ユーロは約 2 マルク）、インフレ調整後の値。
（出所）GLS グループの年次報告書をもとに筆者作成。

「かつては、助けること（恵むこと）は富裕層の特権であった。しかし、民主主義国家においては、すべての人がこの特権をもつ。相互扶助が当たり前なことが民主的な社会経済の原則だ」

**会員の公益事業体に限定した助成**

次に、支出面すなわち助成先についてみていこう。

ＧＬＳ信託財団の会員は、１９６１年の設立時の７事業体から、70年には77事業体、90年には約２４０事業体、２０１０年には約３５０事業体に増えている。

ＧＬＳ信託財団の助成先をみると（表３）、教育と農業・環境（主に有機農業）が一貫して優先されていることがわかる。近年急増しているのが途上国支援で、未来財団が扱う6分野のなかでももっとも多い。途上国支援には、有機農業、教育、再生可能エネルギー、マイクロクレジットなどがあり、アフガニスタン、ケニア、ネパール、インドなど17カ国で事業が実施されている。事業の詳細についてはＧＬＳ信託財団のＨＰに掲載されているので、関心がある方はご覧いただきたい。

ＧＬＳ信託財団の特徴の一つは、成果報告の義務がないことだ（後述するバンクシュピーゲルや同財団のＨＰに載せてもらうため、助成を受けた公益事業体が自ら望んで報告することは多い）。審査に通過して助成額を受け取ったあとは、目的を果たすためであれば、できるかぎりそのお金は自由に使われるのがよいと同財団は考えている。その背景には、制約が少なければ少ないほど贈与は社会にとって有益に働くという考え方がある（第２章２参照）。

とはいえ、助成されたお金は当初の目的を果たすために使用されなければならない。そうでなければ、寄付者の信頼を失うからである。そういう事態を避けるために、ＧＬＳ信託財団は会員をドイツの税法上認められた公益事業体に制限し、その目的に資する事業にしか助成を行わない。会員であれば、その公益事業体の運営関係者がどんな人かわかるし、信頼も醸成しやすい。

シュタイナーの思想を受け継ぐＧＬＳ信託財団は、贈与を社会に創造性をもたらす行為と考えている。だから、人びとと話し合いながら、社会に変革をもたらす事業に助成し続けてきた。遺贈も含めて、「死んでいく」もしくは「死んでいる」資産によって何を「誕生」させ、いかに多くの公益事業体にどのような支援をできるかが、一貫したテーマなのである。

## 3 公益信用保証協同組合による信用保証・出資

### 信用保証による融資

1967年8月に設立された公益信用保証協同組合(GKG)の目的は、公益事業の実施者に信用保証を与え、銀行から融資を受けられるようにすることだ。ある程度の採算が見込める公益事業に対しては、贈与ではなく融資のほうが好ましい。しかし、銀行業のライセンスをもたないGLS信託財団では、きわめて限られた金額の融資しか行えない。そこで、ドッテンフェルダー農場のケースで具体的にみたように、公益事業の実施者に対する信用保証をGKGが引き受け、一般の銀行が融資をできるようにした。

GKGは少額の出資金(名目価値で200マルク以上)を多くの人びとから募り、自己資本とした。当時は金融制度法の規定で出資金の27倍の信用保証が可能だったため、こうお願いしたという。

「200マルクの出資分に署名していただければ、私たちはそれによって5400マルクもの借り入れを何らかのよい事業のために保証できます」

GLS信託財団は、自分の資産を有意義に使いたいと願う資産家に目を向けていた。これに対

表4　GKGの基本データ

（単位：人、1000ユーロ）

| 年 | 組合員数 | 出資口数 | 信用保証額 | ダイレクトクレジット |
|---|---|---|---|---|
| 1970 | 1,227 | 3,128 | 2,093 | — |
| 1976 | 2,514 | 5,790 | 1,894 | — |
| 1980 | 2,746 | 9,406 | 1,865 | 1,599 |
| 1985 | 2,577 | 9,232 | 1,071 | 1,200 |
| 1990 | 2,491 | 10,658 | 571 | 864 |
| 1995 | 2,711 | N.A. | 118 | N.A. |

（注1）数値は各年の年末日（12月31日）の値。
（注2）金額は、ユーロ換算（1ユーロは約2マルク）、インフレ調整後の値。
（注3）ダイレクトクレジットについては、本章6を参照。
（注4）1995年までのデータしかないのは、97年にGKGが解散したため。
（出所）GLSグループの年次報告書をもとに筆者作成。

してGKGは、大きな資産を持たない人びとが社会を変革しようと手をたずさえて出発する場所として構想されている。

GLSグループが信用保証を始めたのは、ドッテンフェルダー農場のケースと同様な要望があったことに加え、バルクホフらの強い信念があった。それは、融資と抵当の問題である。銀行が融資を行う際、普通は土地や建物などの抵当（実物の担保）をとる。だが、すでにみたように、シュタイナーはお金が人間の能力（才知）に沿って循環すべきだと考え、バルクホフは「抵当ではなく、人間の能力を重視した融資」を実現しようとした。だから、一般の銀行が資産をもたないベッカーたちに対する融資を断っても、彼らの能力を認めて信用保証をしたのである。

GKGの設立以来、こうした考え方に賛同し、組合員になって出資する人数は順調に増えていく（表4）。ただし、GKGによって開かれた可能性が十分に利用された

表5　1970年の分野別信用保証額

(単位：1000ユーロ)

| 教育 | 社会福祉・健康 | 農業 | 持続的経済 | その他 | 総計 |
|---|---|---|---|---|---|
| 1,015 | 460 | 274 | 107 | 238 | 2,093 |

(注1) 数値は年末日(12月31日)の値。
(注2) 金額は、ユーロ換算(1ユーロは約2マルク)、インフレ調整後の値。
(出所) GLSグループの年次報告書をもとに筆者作成。

とは言えない。信用保証を受けたいという公益事業体は、信用保証可能額の10分の1程度しか現れなかったからだ。1974年にGLS銀行が設立されると、GKGが一般の銀行(コメルツ銀行)の融資のために信用保証する必要がなくなったこともあって、1980年以降は徐々に信用保証への需要が減っていく。なお、信用保証先については、表5をご覧いただきたい。

## 貸し倒れリスクの高い社会的起業家への出資

だが、信用保証業務が減少しても、GKGがすぐにGLS銀行に統合されたわけではない。その最大の理由は、銀行への預金とは異なり、信用保証が高い貸し倒れリスクと結びついていたからである。お金の出し手にとって、預金は預金保険制度があるため安心できるが、信用保証はそうではない。保証した事業がうまくいかなくなれば、その損失を出資者自らが負わなければならない。だから、お金の出し手に高いリスクを負わせる信用保証を主とするGKGの、設立されたばかりのGLS銀行への統合は避けられた(GLS銀行はその後、GKGに代わって信用保証業務に関わるようになり、本章7でみるように保証付き融資を行っていく)。

ＧＫＧが残されたもう一つの理由は、銀行では融資できない貸し倒れリスクの高い社会的起業家の事業に出資するためである。ＧＫＧで試されたのが、社会的起業家の生産手段などのための資本金を人びとから集めることであった。たとえば、１９８０年には3事業が必要とする約１６０万ユーロ（約3億２１００万円）に２９６人の出資者を集め、85年には9事業が必要とする約１２０万ユーロ（約1億９３００万円）に２５３人の出資者を集めた（表4のダイレクトクレジット）。資本金などを必要とする社会的起業家を見出し、彼らへの出資者を見つける仲介役である。貸し倒れリスクは、ＧＫＧではなく出資者が負う。

それを発展させる形で始められたのが、第4章で紹介した１９９１年のＧＫＧ風力ファンドであり、93年のファンド・シェーナウである。これらは資本形成を目的に出資金を集めるためのファンドで、実績がほとんどない中小の社会的起業家が銀行から融資を受けることを容易にし、シェーナウ電力の飛躍に寄与した。

ＧＬＳグループは、出資金とともに贈与（助成）されたお金も事業者の重要な資本と考えている。出資や贈与のお金はパン生地の中のイースト（酵母）のようなものであり、パンを大きく膨らませることができる（融資を呼び込むことができる）。事業が失敗した場合、融資されたお金が優先的に回収されるから、出資はリスクが高い。しかし、出資者がそのリスクを負いさえすれば、事業者は出資金の数倍のお金を銀行などから借り、巨額の事業を実施できる（図5）。それが、ＧＫＧがファンドを行う目的であった。

図５　出資・贈与と融資の関係

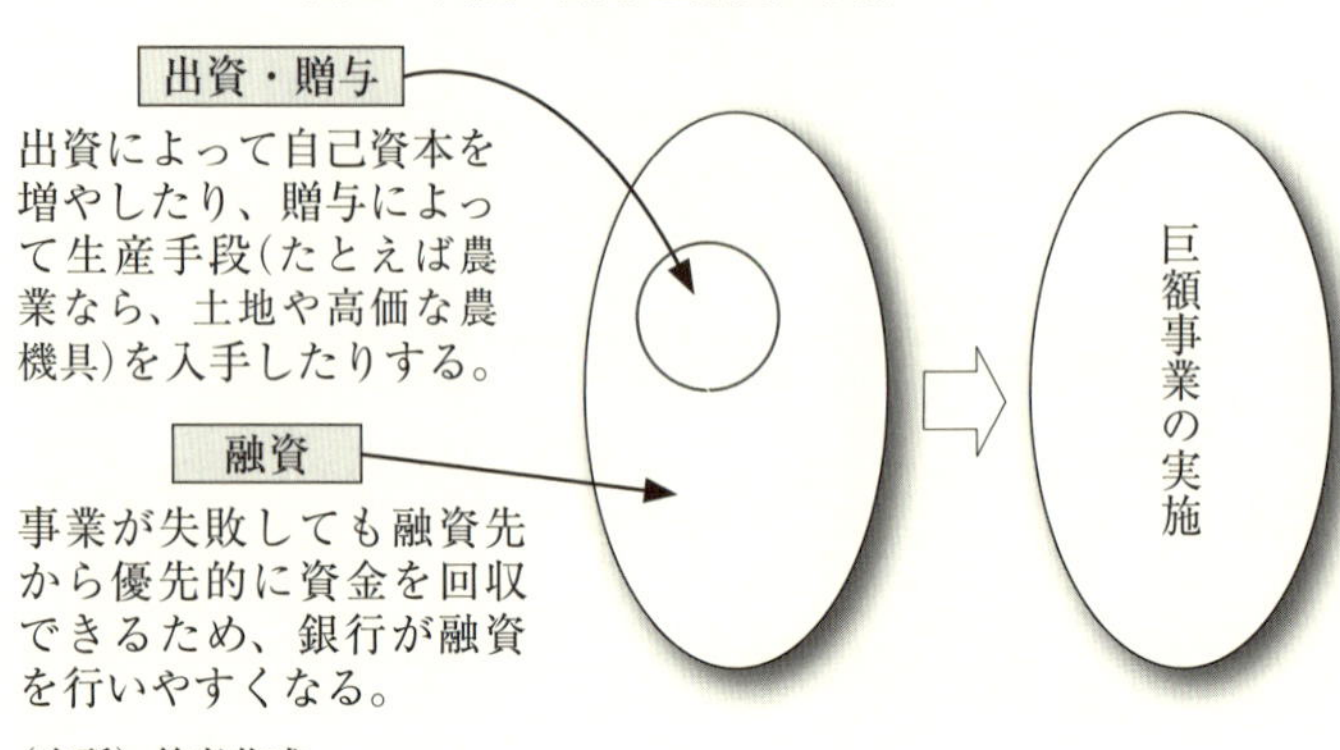


（出所）筆者作成。

## 個人が公益事業を支える出資

１９９１年以降、ＧＫＧでさまざまなファンドがつくられていく。同時期にドイツで根を下ろしつつあったのが、イギリスやアメリカで始まった社会的責任投資である。一般的な社会的責任投資では、ネガティブスクリーンされた（たとえば軍需の生産に関わる企業が除外された）投資先のポートフォリオ（分散投資の組み合わせ）に対して投資がなされる。投資家は自身の良心に沿った投資ができるうえに、多くの場合、市場と同程度の利回りが得られる。

しかし、社会的責任投資は株式市場という匿名性の高いシステム上で行われるうえ、シェーナウ電力のような中小の社会的起業家に対しては直接的に出資できない。株式市場に主に出回るのは巨大な企業の株式や、すでに実績のある企業の株式である。

さらに言えば、シュタイナーが提唱した人智学の基本に、倫理とは個人に属することで、外から何が倫理的であるかを決められるべきではないという考え方がある。それに基づくと、投資家は他人によって選ばれたポートフォリオに投資するのではなく、自らが倫理的だと思う個別事業を支援するほうが望ましい。それゆえ、ＧＫＧで扱われるファンドは具体的な公益事業体を支えることを目的としている。

出資者は利回りだけでなく、シェーナウ電力などの社会的起業家が環境保全や社会の変革のためにどれだけのことを達成するのかに期待する。ＧＫＧが信用保証業務に続いて見出したのは、事業内容が具体的にわかる中小の社会的起業家による公益事業の資本形成を助ける出資業務であった。

再生可能エネルギー分野におけるＧＫＧのファンドの成功を受けて１９９５年10月に設立されたのが、出資業務を扱うために設立されたＧＬＳ出資株式会社である。現在も主要な出資分野は再生可能エネルギーで、社会福祉・健康や自然食品などにも広げている。

役割を終えたＧＫＧは、１９９７年１月にＧＬＳ銀行に組み込まれた。ＧＫＧの組合員や出資金がＧＬＳ銀行に移り、ＧＬＳ銀行の自己資本が強化された一方、ＧＫＧの各種ファンドはＧＬＳ出資株式会社に引き継がれる。その後、同社の出資業務は１９９５年の約７９４万ユーロ（約11億円）から２０１２年の２億７７６５万ユーロ（約２９３億円）へ急拡大し、金額的には融資に次ぐ業務に成長した（１１６ページ表１）。

## 4 GLS銀行による融資

GLSグループの中でお金の取扱額が最大で、もっとも有名なのがGLS銀行である。創設は1974年8月で、一躍世間の注目を集めるようになったのは、2008年のリーマン・ショック以降だ。設立以来、順調に預金額や融資額を増やしてきたが、2005年から15年の変化はけたはずれに大きかった(表6)。このころから、社会的銀行としても注目されていく。

GLS銀行の業務は、基本的には単純である。預金を受け入れて、預金者に利子を支払う。貸出業務を行い、利子を受け取る。貸出金利と預金金利との差額(利ざや)で、職員の給与や運営費をまかなう。

預金したい人は、預金口座を開き、望むのであれば自分の預金をどのような事業に使ってほしいかをいくつかの分野(有機農業、再生可能エネルギー、教育など)から選択する。これによって、自分の預金がどのような分野の公益事業に使われるのかを知ることができる。

かつては、事業分野の選択とともに、預金金利(他の一般の銀行とほとんど同じ水準)のうちどれだけを放棄してGLS銀行に寄付するかも尋ねられた(放棄されたお金は、費用補填(139ページ参照)に使われる)。預金金利がほとんどつかなくなった現在は、この質問はされない。また、事

表6　GLS銀行の基本データ　（単位：人、1000ユーロ）

| 年 | 組合員数 | 預金額(A) | 貸出件数 | 融資額(B) | 預貸率(B/A) |
|---|---|---|---|---|---|
| 1976 | 322 | 10,899 | 115 | 10,390 | 95.3% |
| 1980 | 2,843 | 26,156 | 317 | 20,522 | 78.5% |
| 1985 | 5,696 | 44,701 | 845 | 27,505 | 61.5% |
| 1990 | 6,512 | 49,893 | N.A. | 37,549 | 75.3% |
| 1995 | 8,287 | 123,924 | 1,114(1994) | 62,227 | 50.2% |
| 2000 | 11,211 | 408,414 | N.A. | 253,221 | 62.0% |
| 2005 | 13,883 | 542,703 | 3,551 | 367,505 | 67.7% |
| 2010 | N.A. | 1,695,297 | N.A. | 920,796 | 54.3% |
| 2015 | 41,982 | 3,617,595 | 22,351 | 2,129,500 | 58.9% |

（注1）カッコ内は年。数値は各年の年末日（12月31日）の値。
（注2）金額は、ユーロ換算（1ユーロは約2マルク）、インフレ調整後の値。
（出所）GLSグループの年次報告書をもとに筆者作成。

業預金に5年間預金すると、自分が受け取るはずの利子が途上国の支援事業や有機農業用の種子の育種事業などに自動的にまわされる。

ＧＬＳ銀行は、利潤追求を第一にする銀行ではなく、お金との新しい付き合い方を見つけていこうとする銀行である。たとえマイナス金利であったとしても、中央銀行からお金を借りての融資や投資は行わず、預金だけを資金源とする。預金額に対する融資額の割合を示す預貸率は、当初を除いて60%前後で推移している（表6）。融資されなかった預金の多くは、協同組合中央銀行に預けられる。多くの投資銀行とは異なり、為替取引や先物取引で投機的に利益を得ようとすることはない。

融資分野の変遷は表7のとおりである。設立以来、教育・文化、食物（農業や自然食品店など）、社会福祉・健康を重視してきた。２００５年以降は、住宅分野の省エネ住宅と再生可能エネルギーが急増している。

表７　GLS 銀行の分野別融資額

（単位：1000 ユーロ）

| 年 | 教育・文化 | 食物 | 社会福祉・健康 | 持続的経済 | 住宅 | 再生可能エネルギー | その他 | 総額 |
|---|---|---|---|---|---|---|---|---|
| 1976 | 3,435 | 850 | 4,371 | 806 | 0 | 0 | 927 | 10,389 |
| 1985 | 10,739 | 3,611 | 7,634 | 2,891 | 890 | 0 | 1,739 | 27,505 |
| 1994 | 15,685 | 11,401 | 15,478 | 6,150 | | 0 | 7,048 | 55,763 |
| 2005 | 73,868 | 20,580 | 78,646 | 24,623 | 105,474 | 41,528 | 22,785 | 367,505 |
| 2015 | 299,200 | 148,500 | 376,100 | 129,300 | 404,700 | 771,700 | 0 | 2,129,500 |

（注１）数値は各年の年末日（12 月 31 日）の値。
（注２）金額は、ユーロ換算（1 ユーロは約 2 マルク）、インフレ調整後の値。
（出所）GLS グループの年次報告書をもとに筆者作成。

融資したお金がほとんど返済されるのは、ＧＬＳ銀行の特徴の一つである。２０１５年の貸し倒れ償却総額は、約２００万ユーロ（約2億９６００万円）だった（融資総額に対して０・１％）。ＧＬＳ銀行の元職員によると、一般の銀行があまり融資したがらない公益事業体への融資が多いにもかかわらず貸し倒れが少ない最大の理由は、融資先との丁寧なコミュニケーションである。

　融資を決める前に職員が何度も融資先を訪ね、アイデア（計画）や予算をしっかり理解する。人を重視するという方針のもとで、よく話し合うのだ。信頼関係が築かれているから、事業に問題が起きたときは借り手がすぐに連絡するという。相談に乗りアドバイスすることで、早めに問題に対処できる。

　また、教育、有機農業、再生可能エネルギーなど各分野の知識や情報が蓄積され、独自のネットワークをつくってきたため、問題が起きそうなときや起きたときに早めに対応でき、返済が困難になる前に解決できる場合が多いという。「話し合いをしたりネットワークをつくったりは手間がかかるが、それに見合うものだった」と元職員は語っていた。

社会的銀行の特徴の一つに透明性が挙げられる。『バンクシュピーゲル』（銀行の鏡：*Bankspiegel*）という定期刊行物は、透明性を確保するうえでGLS銀行の大きな特徴である。1980年に初めて発刊され（95年までは年に8～10回、2005年までは年4回、06年以降は年2～3回。なお、06年以降、刊行回数を減らす代わりに、一回の分量が増大）、2017年7月末までに227号が発刊された。預金者が融資したい分野を選択するほか、どんな公益事業が存在しどんな努力がなされているのかを伝えたり、預金者が自分の預金がどんな事業に使われているのかを知ったりするために、主に利用されている。

GLS銀行が新たな取り組みを始めるときには、その制度の狙いや概要とともに、預金者や組合員からの意見を集めるためにも使われる。代表的な事業の紹介のほか、新規融資先の名称、融資されたお金の使用目的、融資額のリストが掲載されている。預金者にお金との付き合い方を意識させるだけでなく、預金がどんな事業に使用されたのかが明らかにされているという点で、透明性を高める重要な役割を果たしてきた。銀行を媒介させることによるお金の隠蔽作用を軽減し、融資先、融資目的、融資額がすべて公開されている点は、一般の銀行と大きく異なる。

第2章でみたように、融資のお金は経済的な価値を生み出す才知の豊かな人のところに流れ込むべきで、その人物が資産を持っているかどうかは関係ない、とシュタイナーは考えていた。この考え方に強く影響を受けた人びとがGLS銀行の創設期を支えたこともあり、最初の10年間ほ

表8　GLS銀行な特殊な融資方法

（単位：1000ユーロ）

| 年 | 融資額 | 費用補償額 | 費用補填金利 | 政策金利 | ダイレクトクレジット | 信用保証額 | 調整・保障基金支出額 |
|---|---|---|---|---|---|---|---|
| 1976 | 10,390 | 7,455 | 1.5% | 4.0% | 4,532 | — | — |
| 1985 | 27,505 | N.A. | 3.1% | 6.0% | 4,373 | 387 | — |
| 1994 | 55,831 | 35,931 | 4.4% | 6.5% | 3,472 | 2,897 | 25（1995） |
| 2005 | 367,505 | 30,163 | 3.9% | 1.2% | 1,156 | 8,552 | 153 |
| 2015 | 2,129,500 | 19,600 | 2.3% | -0.8% | N.A | 78,600 | 969（2012） |

（注1）カッコ内は年。数値は各年の年末日（12月31日）の値。
（注2）金額は、ユーロ換算（1ユーロは約2マルク）、インフレ調整後の値。
（出所）GLSグループの年次報告書とドイツ連邦銀行資料をもとに筆者作成。

どは、抵当を一切とらずに融資を行ってきた。一般の銀行では考えられないこの方法が可能だったのは、以下でみる特殊な融資方法と同時に、1件あたり融資額が小さかったからでもある。

ＧＬＳ銀行の規模が大きくなるにつれて、融資額が大きな案件も増えていく。その結果、10万ユーロ（約1340万円）を超える額の融資の場合は、抵当をとるようになった（融資額が小さい場合は、現在でも抵当をとらずに融資することもある）。かつてのＧＬＳ銀行を知る人からは、「一般の銀行と同じようになってしまった」と嘆く声がある一方で、「一般の銀行とは融資先が異なり、長年にわたって社会的で革新的な事業を支援してきた」と評価する声もある。いずれにしても運営方法は設立当初とは変わり、今後も状況に応じて変わっていくだろう。

以下では、ＧＬＳ銀行でしか見られない特殊な融資の仕組み（費用補填、ダイレクトクレジット、保証付き融資、融資・贈与共同体、調整・保障基金）を紹介する。これらの融資は現在では大幅に減り、融資総額から見れば微々たる量でしかない（表8）。

しかし、ＧＬＳ銀行が何を重視して銀行業を営もうとしてきたのか、理想どおりにはできないとしてもどの方向に向かおうとしているのかを知るうえでは、とても重要である。

## 5　預金者による利子の放棄と費用補填

### 利子率は預金者自身が決める

「社会に役立つ事業をしたいけれど、純粋な営利事業に比べて利益を出すことが難しい」。公益事業の多くに当てはまることだ。公益に奉仕する銀行を目指すのであれば、低利での融資を実現する必要がある。設立以来のこの課題に対して、ＧＬＳ銀行は画期的な仕組みを生み出す。それが費用補填（Kostendeckung）という考え方である（図６）。

銀行を運営していくためには、職員への給与や税の支払い、さまざまな経費（⑥～⑧）に加えて、預金者に利子を支払わなければならない（⑤）。それらの支出は、預金の運用からの収入、融資からの利子収入などによってまかなう（①～③）。より単純に言えば、貸出金利と預金金利との利ざやによって、運営費をすべてまかなうビジネスモデルとなる。これは、公益に奉仕する銀行を目指すために低利で融資するのであれば、預金者に支払う利子も少なくする必要があることを示している。

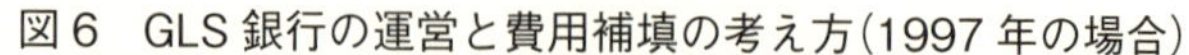
図6　GLS銀行の運営と費用補填の考え方（1997年の場合）

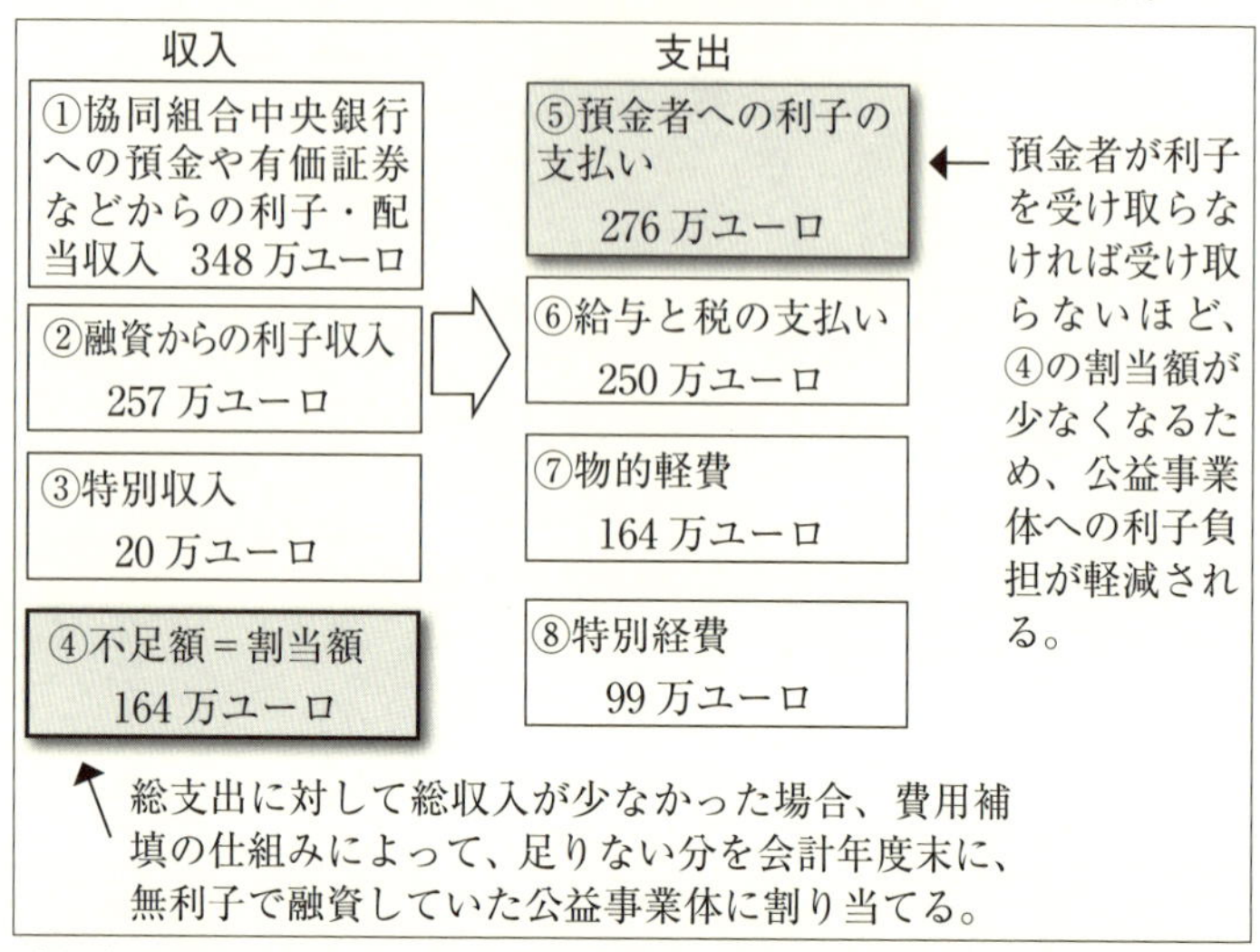


（注1）当時GLS銀行では組合員への配当が必要なかったため、配当金の支出はない。
（注2）金額は、ユーロ換算（1ユーロは約2マルク）、インフレ調整後の値。
（出所）『バンクシュピーゲル』第166号（1998年）を参考に筆者作成。

そこでGLS銀行が考え出したのが、基本的には市中金利と同等の金利を支払うが、預金者個人の判断で利子を放棄するという方法だった。具体的には、預金口座を作成する際に、利子率を他の銀行と同等から0％まで、預金者自身が決めるのである。一律に預金金利を低くしなかったのは、預金者ごとに経済状況が違うからでもあろうが、最大の理由は預金者にお金との付き合い方を考えてもらうためだった。

「インフレが生じているのに利子を放棄すれば、口座のお金の額は変わらなくても損をする。なぜ、そんなことをしなければならないのか」

GLS銀行はこうした預金者の声に対して、口座を開く際に、丁寧に自分たちの考え方を伝えることを重視した。

もう一つの大きな特徴は、２０１１年までの長い間、組合員への配当金を出さなかったことである。協同組合銀行であっても、無配当は一般的ではない。配当がなければ、出資して組合員になったとしても、金銭的なメリットは一切ないからである。ＧＬＳ銀行の組合員は、同行が目指す理念に共感するからこそ出資する。これも、お金との新しい付き合い方と言える。

## 高金利に支えられた費用補填

この方法では、預金者が利子を放棄すればするほど低利で融資できる。しかし、自発性を重視しているため、どのくらいの預金者が実際に利子を放棄するかは事前にはわからない。低利の融資を実現しつつ、この問題を解決する仕組みとしてＧＬＳ銀行が独自に考え出したのが、費用補填である。

ＧＬＳ銀行は、費用補填の対象とした公益事業体に無利子で融資を行う。とはいえ、赤字が出ては銀行自体が存続できない。そこで、無利子の融資先には、総支出に対する総収入の不足額(4)を必要最低限の費用として、会計年度末に割り当てて回収した。図６の１９９７年の場合、割当額は１６４万ユーロ(約2億3２００万円)なので、預金者が２７６万ユーロの利子のうち１６４万ユーロ分の利子を放棄すれば、対象となった公益事業体に無利子で融資を行えたことになる。実際には１６４万ユーロを費用補填の対象となった融資総額(費用補填額)で按分して４・５

%の金利分に相当する額が各公益事業体には課された。

費用補填は1990年代末まではもっとも重要な概念のひとつで、もともとは公益事業体であればすべて費用補填の対象であった。1994年に至っても、融資の約70%が費用補填を適用しようと考えていた。実際、1976年においては、融資の約70%が費用補填の対象であった(136ページ表8)。費用補填を始めた1975年の費用補填金利はわずか0・3%、76年も1・5%。1994年に至っても、融資の約65%が費用補填の対象であり(費用補填金利は4・4%)、このころまでは融資の基本が費用補填だったことがわかる。

表8の政策金利は、ドイツの中央銀行であるドイツ連邦銀行が市中銀行に短期資金を貸し出すときの金利である。市中銀行(GLS銀行も含む)は、この政策金利に数%の金利を上乗せした水準で貸出金利を決める。融資先によって貸出金利が異なるため一概には言えないが、費用補填対象ではない融資先に対しては、GLS銀行も政策金利より数%高い水準で融資を行っていた。

一方、1976年は一般的な貸出金利が6~8%のときに費用補填金利は1・5%、94年は8~10%のときに4・4%であった。低い費用補填金利は、公益事業体にとって非常にありがたく、公益事業の発展にGLS銀行が重要な役割を果たしたことに疑いはない。無利子(および減利子)の預金、無配当およびスリムな運営体制は、公益事業体に対して可能なかぎり経済的負担の少ない形での融資を可能にしたのである。

だが、1990年代後半から徐々に、費用補填はその役割を果たせなくなっていく。それは、1990年代中ごろ以降、市中金利が低くなるにつれて効果が薄れていったからである。4%の預金金利のときに利子が放棄されれば、費用補填割当額を大きく減少できる。ところが、現在のように預金しても利子がほとんどつかないときに放棄されても、割当額はほとんど減らない。

市中金利の低下は１９９８年ごろにＧＬＳ銀行にとって大きな問題となり、このころから預金者の利子の放棄に頼らずに銀行業を継続するために、採算が取りやすい分野への融資や巨額の融資の割合が増えていく。１９９７年時点では融資額の半分程度に費用補填の方法がとられていたが、２００５年には融資総額の８％以下、15年には１％以下になった。これも、「ＧＬＳ銀行が一般の銀行と同じようになってしまった」と言われる一因であろう。貸出金利と預金金利との利ざやで銀行業を営み、預金者の利子の放棄によって公益事業体への低利融資を実現するというビジネスモデルは、政策金利や市中金利の低下によって変更を余儀なくされたのである。

１９９０年には預金者の33％が市中金利以下の利子しか受け取らず、20％は利子を放棄した。１９９０年代までは預金者の２割程度が利子を放棄していたという。しかし、市中金利の低下につれて、ＧＬＳ銀行も積極的には利子の放棄をお願いしなくなっていく。また、ＧＬＳ銀行が急成長するなかで理念をあまり理解していない預金者の増加もあり、いまでは利子を放棄する預金者は５％ほどだという。しかも、２０１６年８月時点で、ＧＬＳ銀行の貯蓄預金の金利は５年で０・15％、７年で０・20％にすぎない(3年以下は０％)。

費用補填は現在、とくに公益性が高いとＧＬＳ銀行が判断した公益事業体(主に、本章7で扱う保証付き融資と融資・贈与共同体への融資)に対してのみ適用されている。その場合、公益事業体への融資の運営に必要な最低限の費用を割り当てて、年度末に費用補填対象先から回収するわけではない。預金者が放棄する利子の総額と運営費をＧＬＳ銀行が予測して、公益事業体に対して事前に貸出利子率を提示している。２０１５年に公益事業体に提示された費用補填金利は、２・３％であった。市中金利の低下にともなって、一般の融資における貸出金利も費用補填金利と同程度になっている。この意味でも、費用補填は現在のＧＬＳ銀行にとってあまり意味のない方法になった。

なお、利益の獲得を目指さないＧＬＳ銀行にとって費用補填がかつて好都合だったのは、この方法であれば赤字にならないからである。そもそも貸し倒れになりにくい方法で融資していたが、たとえ貸し倒れになったとしても、融資額が大きくなければ特別経費として吸収できた。赤字になった場合の措置を考えなくてよかったので、貸し倒れが生じたときのための準備金を用意していなかった時期さえある。現在は市中金利の低下に加えて金融規制の強化もあり、準備金を用意している。準備金との関連は、本章8で改めてみていきたい。

## 6 個人が融資先を選択するダイレクトクレジット（直接融資）

ダイレクトクレジット（Direkt-Kredite）はＧＬＳ銀行の設立直後に積極的に行われた方法で、預金者が自身の口座から融資先に担保なしで直接供与する。『バンクシュピーゲル』（その発行前は必要に応じて手紙（Bankbrief）の発送）に融資を必要とするさまざまな事業を掲載し、預金者がそこから好みの事業を選択した。その事例を一つ挙げよう。

A氏は、『バンクシュピーゲル』に掲載されていたバイオダイナミック農場を融資先に選び、畜舎改築費用の一部として、無利子で４万５０００ユーロを預金口座から信用貸しすることにした。何らかの理由で融資を途中で引き上げる際には、１年前に告知しなければならない。A氏はこの農場に対して融資者として直接に影響を与えることになるが、彼は自分の名前が知られることを望まなかった。そこで、GLS銀行は仲介者として、A氏の希望を考慮したうえで、ふさわしい契約を実現した。ダイレクトクレジットには三つの特徴がある。

第一に、融資のすべてが預金者によって選択された事業にのみ使われる。それは、ダイレクトクレジットをとおして、預金者と融資先がより密接に互いにつながることを意味する。預金者は、事業が失敗したときの貸し倒れリスクを融資先と分かち合う。

第二に、預金者は、融資先が支払うと約束した利子だけを受け取る。前述のケースでは、農場側が利子なしを望んだため、A氏は本来受け取ることができたはずの利子の受け取りを放棄して融資した。

第三に、貸し手と借り手の間に生じうる望ましくない従属関係が避けられる。両者によるお金の直接的やりとりだけが目的であれば、銀行が仲介する必要はない。しかし、その場合は両者が同等の立場に立てない。GLS銀行の仲介によって、両者の要望を可能なかぎり反映したオーダーメイドの、しかも透明性がある関係性が構築できる。通常、融資先が必要とする全額が一人の預金者によって融資されることはなく、多数の預金者が当該事業に融資する。この場合、銀行の仲介がとくに重要になる。

ダイレクトクレジットは当初うまく動き出したが、GLS銀行が大規模化すると問題に直面した。それは、融資額が大きい案件が増えるにつれて、融資先の必要金額が集まらず、融資がなかなか実現しない事態が多く生じたことである。

それゆえ、GLS銀行の大部分の融資は、個人の選択(ダイレクトクレジット)によってではなく、銀行の選択(一般的な銀行業の方法)によって行われるようになった。また、手間(運営コスト)が非常にかかることもあって、徐々に取引額が少なくなり、やがてほとんど行われなくなった(表8)。なお、GLS銀行は仲介するだけだから、会計報告上は同銀行の融資として扱われていない(だから、表8で1976年のダイレクトクレジットと費用補填額を足すと融資額を超えている)。

しかし、GLS銀行がそれまでの銀行業の何が問題であると考え、どのような価値観を重視したのかを知るうえで、ダイレクトクレジットの考え方は非常に重要である。積極的に行われたのは短期間であったが、運営方法の原則を純粋に体現したものだったと言える。そして、融資業務では少なくなっていったものの、出資業務(GLS出資株式会社)では生かされた。

## ７ 特徴をよく表す保証付き融資と融資・贈与共同体

### 連帯感に基づく信用保証

ＧＬＳグループの設立と切っても切り離せないのが、第１章でみたボーフム・シュタイナー学校の設立運動である。新しい建物を建てる際に、学校に融資したお金が返せなくなった場合は保護者や教師が代わりに支払うという信用保証を担保と認めてもらい、融資を実現した。

このように、公益事業体が融資を受ける際に抵当を差し出すのではなく、多くの支援者に信用保証してもらう方法は現在も利用されており、保証付き融資(Bürgschaftskredite)と呼ばれる。かつてはＧＫＧが主に関わり、現在はＧＬＳ銀行が担当している。ある事業を支援したいと願う共同体をつくるという点で、保証付き融資と次に紹介する融資・贈与共同体(Leih- und Schenkgemeinschaft)は、ＧＬＳグループの特徴が強く表れた融資方法である。

高い理想をもって始めた学校で問題が起きて閉校になった場合でも、信用保証を引き受けた親や教師は、お金を返済し続けなければならない。あるいは、学校の方針に共感できなくなったり、転校させたりするときもあるかもしれない(ドイツの場合、公立学校はすべて無料)。それでも、多くの人びとがなぜ信用保証にサインをするのか。私が話をうかがった関係者は、こう話した。

「それは、教育を特別に大切なことだと考えて、シュタイナー学校を望む人びとがいるからです。そして、信用保証というのは心のつながりを求めるものです」

保証付き融資は、非常に強い連帯感や信頼が存在してこそ成り立つ方法である。当初は、信用保証期間が10年以上であったり、信用保証を約束するメンバーが１００人を超えていたりする場合もあった。だが、長すぎる保証期間や多すぎるメンバーを嫌がる人びとが増え、現在は、一人あたり信用保証限度額３０００ユーロ（約40万円）、メンバーの上限30人、最長返済期間５年となっている。

## 多数の参加で多額を調達する融資・贈与共同体

信用保証の枠組みを一歩進めた融資方法が、融資・贈与共同体だ。公益事業のなかには、教育をはじめとして、事業のみで採算をとることが望ましくなく、会員や支援者からの寄付によって支えられなければならない分野もある。そうした公益事業で一度に多額のお金が必要になったときに、融資・贈与共同体が効力を発揮する。融資・贈与共同体をつくると、建物の建設費など通常の寄付では集まりにくい額の短期的な調達が可能になる。公益事業体はこの共同体を通じてＧＬＳ銀行から融資を受け、共同体のメンバーが返済する。その返済は事実上、公益事業体への贈与となるので、融資・贈与共同体と呼ばれる。具体例を紹介しよう。

あるシュタイナー学校で、新しく体育館が必要とされたが、10万ユーロ分のお金がまかなえな

図７　融資・贈与共同体の仕組み

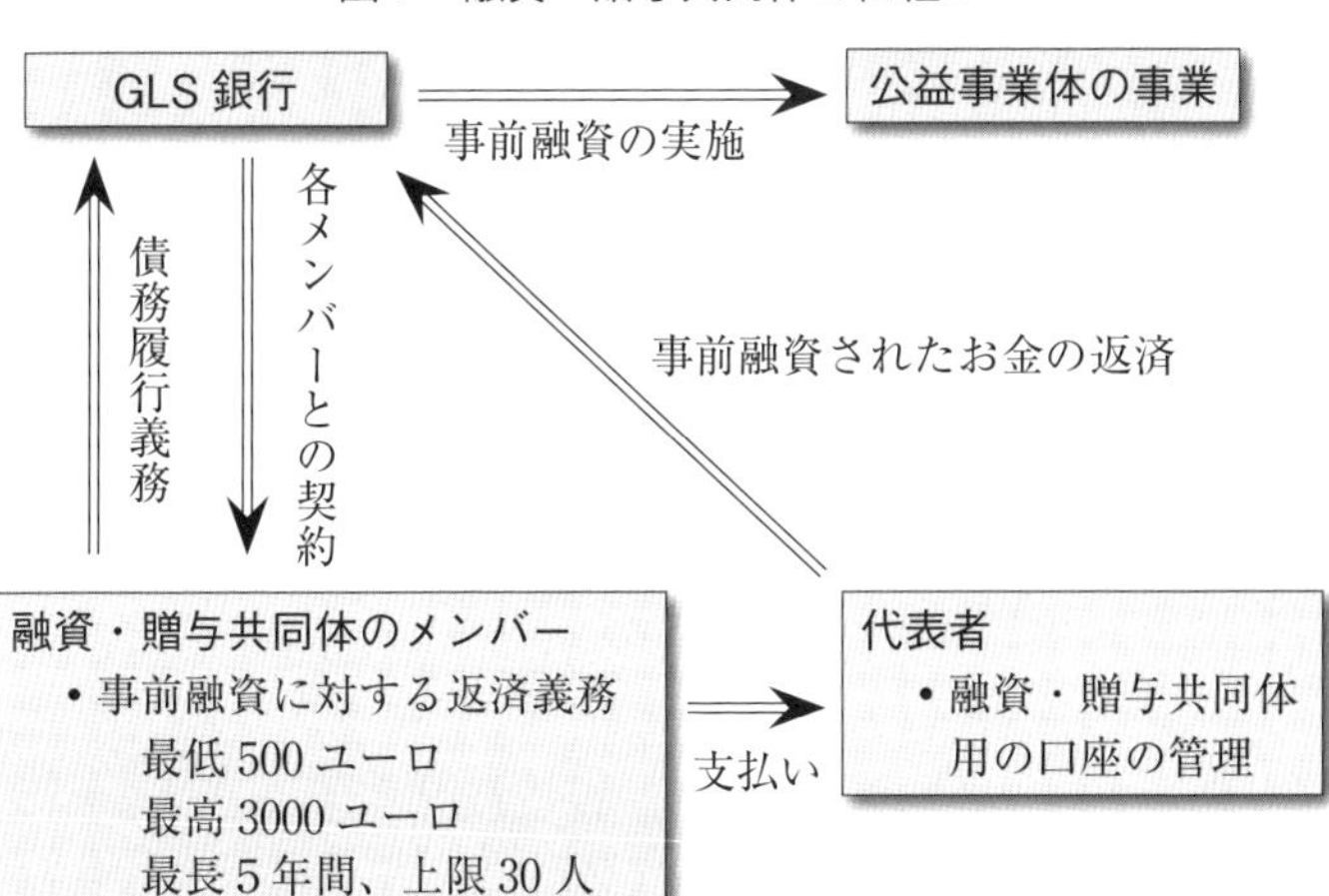


（出所）GLS 銀行の HP をもとに筆者作成。

い。そこで、シュタイナー学校に関わる１００人の親たちが、４年間かけて返済することを決めて融資・贈与共同体をつくり、すぐに学校はお金（事前融資）を得られた。親たちは、ＧＬＳ銀行に対して１０００ユーロ（１年間に２５０ユーロ）ずつの返済義務を負う（実際には、１０００ユーロに加えて利子も負担）。束ねられた１００人の小さな信用が、体育館の建設に必要な10万ユーロを生み出した。

融資・贈与共同体の最大のメリットは、個人に過大な負担を強いずに、公益事業に必要な多額のお金を調達できることだ。ＧＬＳ銀行にとっては、多くの人びとが関与するために回収できなくなる可能性がきわめて低くなるので、貸出の際に個人の信用状態を審査したり、抵当をとったりする必要がなくなる。

一人あたりの返済限度額は個別のケースによっ

て変わるが、できるだけ多くの関係者が参加できるように、低額に抑えられる必要がある。また、融資・贈与共同体メンバー間の信頼を強くしたり保ったりするために、人数が多くなりすぎないようにしなければならない。自由意志と相互の信頼とが欠けていれば、融資・贈与共同体の意義は多分に失われる。

現在では、一人あたり返済限度額は3000ユーロ、メンバーの上限は30人、最長返済期間5年、総額の上限は5万ユーロ(約670万円)に設定されている(図7)。仮に5万ユーロを超える額の事業を実施したければ、同じ事業のために2つ以上の融資・贈与共同体をつくることになる。

これまでの銀行業の方法では、施設建設者に融資がなされ、建設者は自ら抵当を調達しなければならない。一方、融資・贈与共同体の方法では、抵当を用意する代わりに、GLS銀行が融資・贈与共同体の各メンバーの信用を背景に、全額の融資を認める。手段としての融資・贈与共同体は、多人数の小口信用に分散することによって可能なかぎり貸し倒れリスクを減らす試みである。

この方法は、不動産などの抵当で保護される大口信用とは異なり、自覚に基づく意識的な信頼のうえに成立する。この点で、融資・贈与共同体は、公益事業体の参加者と当該事業とを密接に結び付ける。なお、調達されたお金は自己資本とみなされる。したがって、このお金をもとにさらに大きい額の融資を受けられることも、融資・贈与共同体のメリットだ。

融資・贈与共同体が(とくに教育分野で)積極的に利用された結果、1980年代にシュタイナー学校の設立が相次いだ。１９８７年末には３９４の融資・贈与共同体が存在し、約１万人が連帯して共通の課題に取り組んでいた。一貫した数値が手に入らなかったため融資・贈与共同体への融資額を表８に記載していないが、たとえば１９９４年末には２８８の融資・贈与共同体が存在し、約６１００人が関与して、約４５６万ユーロ（約5億７４００万円）の融資を受けていた。

一方で、融資・贈与共同体は個人の信用に基づくため、上限額が制限されるという限界もある。また、多数の小さな個人信用の管理だけでなく、関わる人びととの多くの話し合いも骨が折れる（コストも非常にかかる）。

それゆえ、現在も独自の役割を持ち続けているものの、融資・贈与共同体への融資は、割合的にはＧＬＳ銀行の中心的業務ではない。それでも、週に1つくらいの案件があり、年間50程度の融資・贈与共同体がつくられているから、現在も大切な方法である。

なお、仕組みは異なるが、共同体をつくるという点では、第3章4でみた農業共同体もＧＬＳグループが考え出した特徴的な方法である。

## 8　借り手同士の連帯を重視した調整・保障基金

調整・保障基金（Ausgleichs- und Sicherungsfonds）は、１９９０年に導入された。当初は実験的に始められ、いくつかの変更を経ながら、やがてお金との新しい付き合い方を目指すGLS銀行にとって非常に重要な位置を占めるようになる。考え方も方法もきわめて独特で、GLS銀行自身も「想像力の豊かな」方法と述べている。

GLS銀行は1990年時点では、貸し倒れが発生した場合の準備金をいっさい集めていなかった。それは、初期のGLS銀行の貸し倒れの少なさを端的に示している。とはいえ、融資先はさまざまで、裕福な事業体もあれば経済的に余裕のない小さな事業体もある。後者は費用補填で低利の融資を受けていても、返済が厳しい場合があった。そうした状況のもとで構想されたのが調整・保障基金である。裕福な借り手が自由意志で参加し、信頼と相互扶助の精神に基づいて貸し倒れが起きる前に支援することが目的とされた。

調整・保障基金に使われるお金は、GLS銀行から融資を受ける公益事業体のうちで追加的にお金を出してもよいと考える事業体、利子を寄付したい預金者、GLS信託財団(寄付)によって当初担われ、後にGLS銀行自身もお金を出すようになった(融資総額の0・25%を毎年払い込む)。費用補填と同様に、経済的に余裕のない公益事業体を預金者が支える仕組みであると同時に、GLS銀行からお金を借りている人びと同士が連帯するための仕組みでもある(借り手の連帯がより強く意識されていた)。

お金を出す借り手は、自身の経済的利益だけを考えるのではなく、GLS銀行から融資を受けている同じような志をもつ借り手との連帯を重視している。その意味で、お金との新しい付き合い方を促す取り組みだとＧＬＳ銀行は考えていた。

調整・保障基金の主要な使途は貸し倒れの防止である。経営が危ないとみなされた融資先に対して、その年の利子の免除、場合によっては債務の一部免除、経営再建のためのアドバイザー派遣などを行う。２００３年には、経営状態を正確に把握し、必要な専門知識を提供するためのコンサルタントグループがつくられた。ただし、債務の全額免除が目的ではなく、一時的な苦境を乗り越え、経営を再び軌道に乗せることが目的である。したがって、立て直しが不可能だと判断される案件に対しては使用されない。

再建不能で貸し倒れとなった場合、回収不能金は、積み立てられている準備金から補填される。調整・保障基金は採算性を回復して事業を継続するために使われ、準備金は貸し倒れによる損失を補填するために使われる。ＧＬＳ銀行で貸し倒れが少ない理由は前述したが、貸し倒れを防ごうとする調整・保障基金はその副次的な理由だった。

調整・保障基金の理念からわかるように、基金の支払い対象は、借り手だけではなく、すべてのＧＬＳ銀行の融資先で、そこにはダイレクトクレジットの融資先も含まれる。とはいえ、経営が苦しいと融資先自身が感じたからといって、調整・保障基金から必ずお金を受け取れるわけではない。受け取れるかどうかは、ＧＬＳグループとは独立して設立された信託グループ（ＧＬＳ銀行の組合員の代表、借り手の代表、監事会メンバーなど）によって判断される。この意味で、すべての融資先は調整・保障基金の対象となりうるが、お金を受け取る権利を主張できるわけではない。

支援額は、1995年には約2万5000ユーロ（約340万円）にすぎなかったが、2005年には約15万ユーロ（約2100万円）、12年には約97万ユーロ（約1億円）にまで増える（表8）。とくに資金力の弱い小さな借り手にとっては、事業の継続性を強化する大事な仕組みと考えられるようになった。

ところが、GLS銀行によって運用されていた部分の調整・保障基金は、2014年に自主的に取りやめられた。貸し倒れれば会計上は損失として計上されるが、貸し倒れる前の支援は潰れかけている融資先への贈与と同じとみなされ、贈与税の対象にすると、税務署に目をつけられたからである。そもそも準備金の思想と大きく異なる調整・保障基金が、設立当初から金融監督庁によく思われていなかったこともあり、制度として続けられなくなったのだ。

現在も、GLS信託財団によって運営される部分の調整・保障基金は残っている。だが、それは寄付によって集められたお金だけであり、規模はごく小さい。また、借り手同士の連帯という面は失われたので、事実上、調整・保障基金はなくなったと考えてよいだろう。

調整・保障基金を「新しい経済的パースペクティブをもつ仕組み」「準備金に代わる未来の保障の形」と考えていたGLS銀行の関係者は、取りやめになって残念に感じていたであろう。同時に、「発想はよかった。理解を得られる形で同様な仕組みをつくりたい」と言っていたのが印象的であった。

# 9 GLSグループの今後

## 変化への対応

GLSグループで最多のお金を扱うようになったGLS銀行は、世界金融危機をきっかけに大きく注目され、預金者も大幅に増えた。2005年末に約5億4000万ユーロ（約760億円）だった顧客の預金総額は、わずか5年後の10年末には約17億ユーロ（約2000億円）に急増したのだ。その後も預金総額は増え続け、2015年末には36億ユーロ（約4850億円）を超える。世界金融危機は、人びとにお金や銀行との付き合い方を再考させ、GLS銀行の地位を高めた。しかし一方で、大きな制約を受けることにもなる。

制約の一つは、銀行業に対する規制が世界的に強まったことである。自己資本比率規制（貸し倒れリスクなどを加味して一定以上の自己資本比率を求める国際的統一基準。自己資本とは返済する必要のない資金のこと）の強化と預金者の急増によって、自己資本を増やさなければならなくなった。だが、協同組合方式で無配当のGLS銀行にとって、自己資本となる組合員からの出資金の急増は難しい。そこで、世界金融危機後の2012年に、初めて2～4％（14年は3％）の配当金を出すことにした。利潤追求を目的とするわけではないが、配当金が必要になった分、公益事業体へ

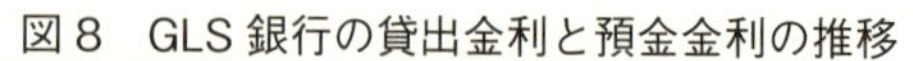
図８　GLS 銀行の貸出金利と預金金利の推移

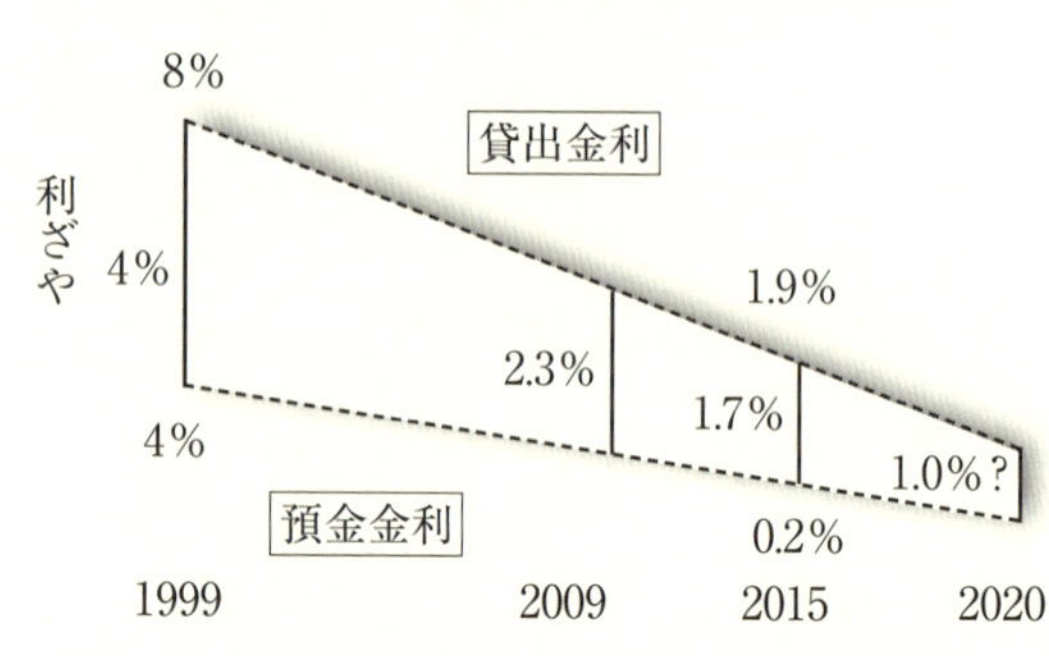


（出所）GLS 銀行の資料とヒアリングをもとに筆者作成。

の貸出金利も上げざるをえなくなった。

さらに頭の痛い問題は、１９９０年代末から始まった政策金利の低下傾向である。とりわけ、リーマン・ショック以降、それまで１～４％で推移していた政策金利が０％台に、さらに２０１３年からはマイナス金利になった。その結果、１９９９年ごろには約４％あった利ざやがどんどん縮小している（図８）。

費用補填の項でも触れたように、貸出金利と預金金利の利ざやで銀行業を成り立たせてきたＧＬＳ銀行にとって、その縮小はビジネスモデルの変更を迫られるほどの重大な事態である。一般の銀行は、少しでも利ざやを大きくするために、中央銀行からマイナス金利のお金を借りたり、自己勘定取引を行ったり（銀行自らがリスクをとって為替や債券や株式の売買を行ったり）して、利潤を得ようとする。だが、社会的銀行であるＧＬＳ銀行はそのような方法はとらない。では、どうするのか。

ＧＬＳ銀行では銀行業界として初めて、２０１７年から預金者に60ユーロ（約８０００円）の年会費の支払いを求めた（未成年や低所得者への減免措置はある）。ドイツの銀行では日本と違って、口座維持料をとられるが、加えて年会費を負担するのだ。口座の種類にもよるが、預金者は合計1カ月10ユーロ程度を支払うことになるという。

この年会費は、低利融資を行うためではなく、一般の銀行と違う業務のために使われる。たとえば、ＧＬＳグループが当初より重視してきた公益事業に関する相談を受けたり、公益事業やお金や社会の未来について考えるイベント（ＧＬＳ銀行のＨＰや『バンクシュピーゲル』に掲載）を開催したり、『バンクシュピーゲル』を発行して透明性を高めたり、新しい融資の方法を試してみたりするなどだ。それは、共同体のメンバーという意識をもって、ＧＬＳ銀行という特殊な銀行を安定的に（政策金利など外部の状況に左右されない形で）支える試みでもある。

配当金の支払いと利ざやの減少によって、望むと望まないとにかかわらず、ＧＬＳ銀行は１９９０年代中ごろまでのやり方を続けられなくなった。巨額融資が増え、長く重視してきた抵当をとらない融資の割合も少なくなっている。社会環境の変化にともなって独特な融資方法の割合が減り、一般の銀行に近づいてきたとみることもできる。

しかし、割合は低下したとしても、保証付き融資や融資・贈与共同体は継続しているし、調整・保障基金もごく最近まで続けていた。また、前述したさまざまな方法を現代に合った形で維持・発展させていこうとしている。たとえば、ダイレクトクレジットを信託貸付（Treuhanddarlehen）という名称で、２０１５年に現代的に甦らせた。

信託貸付を実施するには、まず企業や事業に直接お金を融資したい出資者に信託者となってもらい、ＧＬＳ銀行が出資金を管理する。信託者は年度末の決算書や企業の企画書をＧＬＳ銀行による評価とともに閲覧し、ときには融資希望者と個人的に話し、自分の判断で融資先を選ぶ。信託貸付先には、ＧＬＳ銀行も別途融資を行う。それゆえ、信託者だけでなくＧＬＳ銀行も貸し倒れリスクを負う。法律の規定（消費者保護）によって、信託貸付の利用最低額を20万ユーロ（約２７００万円）に設定せざるをえないため（最高額は２０００万ユーロ）、一般の人びとの利用は難しいが、資産家や機関投資家に対しては透明性が高い直接的な融資を提供できる。

通常、銀行サービスを選択する際に考慮に入れられていたのは、預金金利、安全性、流動性である。なかでも預金金利が重要であったが、市中金利がきわめて低くなってＧＬＳ銀行が長年行ってきた運営方法を継続しにくくなった反面、預金金利が銀行サービスを選択する際の重要な要素ではなくなった。それはＧＬＳ銀行にとってチャンスでもあるという。

なぜなら、銀行の融資先が社会的・倫理的であるかという「価値」を多くの人びとがいままで以上に考慮するようになるはずだからである。多くの銀行と同様に、ＧＬＳ銀行も激変する業界の環境変化に苦慮しているものの、当初からの理念を大切にしつつ、それらの理念をＧＬＳ銀行の「価値」として打ち出そうとしている。

## 社会にいかに役立つか――贈与と連帯

では、ＧＬＳ銀行を含めたＧＬＳグループ全体で共有されている理念や価値観とは何だろうか。

もっとも基本的なのは、公益事業を、別の言い方をすれば社会全体にいかに役に立つかを第一に考えてきたことである。採算のとれない公益事業を支えるために生まれたＧＬＳ信託財団はもちろん、ＧＬＳ銀行も「公益のための銀行」を目指してきた。社会環境の変化などで業務の割合や方法が変わったとしても、「公益のための金融機関」という点は変わらないだろう。

第二は、贈与の重視である。公益信託財団としての誕生時点から贈与を重視し、第２章で示したように思想的にも大切にしてきた。実践面においても、ＧＬＳ信託財団は未来財団や共同体クラウドに取り組み、ＧＬＳ銀行にもさまざまな贈与的な要素がみられる。融資・贈与共同体、預金者の利子放棄、調整・保障基金における裕福な借り手によるお金の提供、年会費など、すべて贈与の変種と言ってよい。市中金利や国債などの利回りがきわめて低い現状では、銀行部門だけでなくＧＬＳグループ全体にとって、これまで以上に贈与が重要になると思われる。

その一つの事例として、２０１３年5月にエルベ川で大洪水が起きた際の有機農家への支援が挙げられる。ブランデンブルグ州やバイエルン州などの80以上の有機農家が収穫物を流され、畑や温室に有害物質や泥が流れ込むなどの甚大な被害を受けた。これをうけて、未来財団が中心となって寄付を募り、早急な支援を行った。ＧＬＳ銀行から融資を受けていた農家は返済の一部が免除され、さらに未来財団から贈与がなされたという。ＧＬＳ銀行の職員はこう説明する。

「私たちの目的は有機農業を広めることであって、稼ぐことではない」

年会費については、贈与というよりもＧＬＳグループが一貫して重視してきたもう一つの価値観とのつながりのほうが強いかもしれない。それは、共同体の形成であり、連帯である。設立の経緯からも、「貸すことと贈ることのための共同体」という名称からも、ＧＬＳグループは人と人とのつながりを大切にしてきた。貸し倒れが少ない理由とも関連するが、助成先や融資先の相談を受け、時間をかけた話し合いを何より重視している。匿名性の高い株式市場で倫理的な投資をするのではなく、事業内容が具体的にわかるような中小事業者の資本形成を助ける出資をＧＫＧやＧＬＳ出資株式会社が行っているのも、連帯を重視しているからだ。

未来財団や共同体クラウドは、相互扶助を促す。独特の融資方法が相対的に少なくなり、巨額の融資が増えたことで、ＧＬＳ銀行における共同体意識はかつてほど高くはなくなった。それでも、『バンクシュピーゲル』の発行や多くのイベントの開催は、透明性を高めるだけでなく、連帯を強めている。年会費の導入によって預金者は減るかもしれないが、共同体意識や連帯感を高める役割を果たすだろう。

### お金との付き合い方を考え、学ぶ

そして、おそらくＧＬＳグループにおいてもっとも重視されているのが、お金について学ぶ場所としての存在という考え方である。ケルラーは次のように述べている。

「人びとにお金との新しい付き合い方をもたらすことが、ＧＬＳ銀行設立の最大の動機だった」

費用補填のための預金につく利子の放棄、ダイレクトクレジット、保証付き融資、融資・贈与共同体、調整・保障基金、中小の社会的起業家を支援するための出資、そして贈与。自分のお金を増やすという一般の考え方からみれば、まったく合理的ではない仕組みに、GLSグループは挑戦し続けてきた。これらに参加しようとする人は、お金とは何か、自分はお金とどのように付き合っていくべきなのかを考えざるをえない。この意味で、GLSグループが一貫して行ってきたのは、お金との新しい付き合い方を一緒に考え、その考えを社会に有益な仕組みとして生み出し、定着させることだったと言える。

『学びの道としての銀行』(*Bank als Schulungsweg*)を2014年に出版したアルバート・フィンクは、こう述べている。

「個々人が他人と協力して社会の中で自らの責任を果たし、それを専門家や銀行のような機関に肩代わりさせるのではなく、銀行のような機関を手段として利用するようになればなるほど、現在起きている問題に対して、ますます経済的に、環境保全的に、エネルギー節約的に取り組めるようになるだろう。社会問題の深刻化によって、GLS信託財団、GKG、そしてGLS銀行にさらにお金が集まっている。このGLSグループの拡大は、人びとの要求の表れである。GLSグループは、お金とのこれまでの付き合い方を変えられるという示唆を社会に与えることを試みている」

ここでは、大事なことが二つ述べられている。一つは、社会問題の解決のためには個人の意志や行為が大事であり、ＧＬＳグループは学びの場としてお金との新しい付き合い方を人びとが考えるために活動していることである。もう一つは、ＧＬＳグループに入るお金が増えれば、お金について考える人が増えると考えていることである。ＧＬＳ銀行の預金量の増大は、運営にとって必ずしも都合のいいことばかりではなかったが、預金額の増大をポジティブに捉えていることがわかる。

ＧＬＳグループは公益性の重視だけでなく、預金に対する責任、透明性、人への信用などの理念を大切にしつつ、50年以上にわたって、現実社会に適合しうる方法を探ってきた。とくに重視してきたのは、多くの人びとが意識を変え、連帯し、贈与することで、公益事業体にお金が意味ある形で流れ込み、個々人が社会にインパクトを与えられると示すことだったと言える。ＧＬＳグループの運営方法は時代とともに変わってきたが、根本の考え方は現在も変わっていない。

**【より深く知りたい人のために】**

ＧＬＳ銀行ＨＰ（https://www.gls.de）。
ＧＬＳ信託財団ＨＰ（http://www.gls-treuhand.de）。
*Bankspiege* 各号。
Jahresbericht（「年次報告書」）各年版。

# 第6章 日本におけるお金との新しい付き合い方

木育広場事業のクラウドファンディング

（出所）ゆずり葉 HP

本章では、日本で起こりつつある新たな動きをみることにしたい。ＧＬＳグループのような社会的金融の具体的な取り組みは、日本でも１９９０年代に入って徐々にみられるようになった。まず、日本で社会的金融が始められるまでの経緯をまとめている。

近年は、お金との新しい付き合い方を模索する動きが活発に生じつつあり、注目すべき取り組みも多い。そのなかから、社会的な事業に対する出資と寄付を扱う「ミュージックセキュリティーズ」、小規模ながらお金との付き合い方を真剣に考えて熊本で活動する「ゆずり葉」を取り上げる。続いて、沖縄の二つの活動を紹介したい。というのは、沖縄は筆者が10年以上にわたって関わり続けてきた地域であり(宮本憲一・川瀬光義編『沖縄論』岩波書店、２０１０年。林公則『軍事環境問題の政治経済学』日本経済評論社、２０１１年など)、そこでお金との新しい付き合い方がどのような革新性を社会に生み出しているのかを示したかったからである。

なお、この４つの団体はすべて、何らかの形で贈与を扱っている。

## 1 社会的金融の始まり

### 預貯金中心の金融システム

日本では長い間、お金を倹約し、銀行や郵便局に預けることがよいと広く考えられてきた。日本人は2016年末で、約1750兆円の金融資産を保有している。そのうち52～53％が現金・預金、30％が保険・年金など、そして15％が証券投資（株式、投資信託、債券など）だ（残りの2％はその他）。現在も日本人は、預金や保険や年金などに多額のお金を振り向けている。

しかし、日本で銀行や郵便局への預貯金が一般的になったのは、一五年戦争中である。野口悠紀雄の『戦後日本経済史』（新潮社、2008年）によれば、1931年においては、企業が調達した資金のうち実に86％が直接金融（企業が株式や社債を発行して市場から直接に資金を調達する方法）で、銀行貸し出しは14％弱にすぎなかったという。資金の出し手の多くは、自らの意志でどのような企業にお金を出したいかを選んでいた。

その後、戦時経済のもとで軍需産業に資金を集中するため、株式による資金調達に対して配当制限などの制約が課され、他方で銀行の強化が図られた。その結果、銀行による企業に対する資金供給は、1945年には全体の93％に達したという。戦後の日本では、銀行を中心とした企業グループが形成される。これは戦時中につくられた仕組みであった。銀行を通じて、重化学工業関連企業に資金を集中的に投入して高度経済成長を果たし、経済大国になっていく。

1980年代ごろまでの先進国の経済活動は大量生産の製造業を中心としていたので、戦時体制を基本とする日本経済は優位性を発揮したと、野口は指摘している。つまり、生産活動の大規模化にともなって組織が巨大化し、その構成員は与えられた業務を忠実かつ効率的に遂行する組織人となることが求められる状況下では、個々人が考えるのではなく、上からの命令どおりに動く軍隊型の組織が優位に立ったというのだ。

金融面で高度経済成長を支えたもう一つの仕組みが財政投融資である。そこでは、戦前から大蔵省（現在の財務省）が管理していた郵便貯金が利用された。郵便貯金を大蔵省の資金運用部に預託させ、そこから日本開発銀行（現在の日本政策投資銀行）や日本輸出入銀行（現在の国際協力銀行）などの政府系金融機関や、日本道路公団（現在は分割民営化されて解散）や水資源開発公団（現在の水資源機構）などの特殊法人などに融資する。政府系金融機関は、高度経済成長を実現するために戦略的融資を行い、それに民間銀行が従った。また、財政投融資は特殊法人を通じて、道路や地下鉄や新幹線などの建設のために使われ、日本の景観を一変させた。

財政投融資が高度経済成長を牽引する強力なエンジンになったことは疑いない。しかし、政府系金融機関の融資計画が国会の議決対象ではなく、特殊法人の経営が不透明だったことは、のちに大きな問題となっていく。

バブル期を生きた日本人は、お金をたくさん持っていたにもかかわらず、お金について深く考えずに過ごしていたと言えるかもしれない。国の政策によって優遇されていた銀行や郵便局にお金を預ければ、利子によってお金は増えたし、何より預金が失われないという安心感があった。バブル期には財テク（財務テクノロジー）という言葉がはやったように、借金をしてまで土地や株式を買い、多くの人びとがお金を増やすことだけを目的として行動した。そこでは、お金は増やせば増やすほどよいものと考えられ、そのほかの面はほとんど考慮されていない。

お金や銀行について多くの日本人が考えるきっかけとなったのは、１９９０年1月からの株価の急落であり、その後のバブル崩壊だった。企業や個人は借金を積み増しながら土地や株式を買っていたので、資産価格が暴落すれば、借金返済が困難になる。土地の買い漁りに対して巨額の融資を行っていた金融機関では、融資したお金が回収不能ないし困難となる、不良債権が発生。日本を代表する多くの銀行と証券会社がバブルの膨張を主導して引き起こし、崩壊によって深刻な損害を被った。

１９７１年の金・ドル交換停止（ニクソン・ショック）以降、国際的に投機的金融証券取引が膨大化し、投機的手法で一挙に巨額の利得を獲得できるようになる。そうした時代環境は、金融業界から堅実性・信用尊重の姿勢を奪い去り、手段を選ばぬ利益追求・投機的経営への傾斜を促した。１９９０年代には、資産価格の急落、不良債権の発生とともに、大手証券会社・大手銀行の不祥事（富士銀行による不正融資や山一證券による不正会計など）がいっせいに噴出した。金融危機が叫ばれた1990年代後半から2000年代初めにかけては、不良債権処理のために銀行はなりふり構わず貸し渋りや貸しはがしを行い、これらも銀行の評判を下げる一因となっていく。

### 預貯金批判から生まれた先駆的な取り組み

日本で社会的金融の動きが起こり始めたのがまさにこの時期で、1993年に出版された『どうして郵貯がいけないの』(グループKIKI、北斗出版)が、お金についての考え方に新しい視点を与えた。当時、銀行に預けられたお金が地上げや株式操作に使われるのが嫌だという理由で、また、単に銀行より預金金利がよいという理由で、多くの人びとが郵便貯金を選んだ。一人ひとりの額が小さくても、日本全体で郵便貯金に預けられたお金は1992年末で166兆円にもなり、世界一の規模であった。では、当時の国家予算の約2倍強にも及ぶお金は何に使われているのだろうか。郵便貯金にお金を預けているほとんどの人びとが気にもとめていなかったことを、この本が明らかにした。

まず指摘されているのは、郵便貯金や国民年金などの公的資金を原資とする財政投融資によって、日中・太平洋戦争(1937~45年)の軍事費が支えられていたという事実である。この時期の国の一般会計予算は平均わずか105億円であったが、軍事費は毎年平均で840億円にのぼっていた。この差額を埋め、戦争を遂行するために使われたのが財政投融資である。その主要な源が郵便貯金であった。前述のように国は戦時期に銀行や郵便局への預金を推奨したが、その預貯金は軍需産業の発展だけではなく、直接的に戦争の遂行にも使用されたのである。

１９９３年当時の郵便貯金は財政投融資を通じて、ダム建設、原子力発電の推進、リゾート開発、道路建設、途上国への公害輸出企業進出などのために使われ、多くの場所で環境や生活が破壊されていた。『どうして郵貯がいけないの』は、それらが私たちの望む預貯金の使われ方なのかと指摘する。そのうえで、「たった数％の利子のために自分と子供たち、そして虐げられている人びとの未来を見捨てられるか」と問いかける。

「私達は単に利子をもらう寄生虫のような存在ではなく、自ら金の運用をコントロールする主体としての預金者とならなければならない。つまり消極的に『加害者にならないこと』にとどまるのではなく、より積極的に『資金提供者として良い使い道を指定する』ようになりたい」

こうして、（できれば安全に）お金を増やせば増やすほどよいということ以外の視点、すなわち、自分のお金が自分の望むことに使われるかどうかという視点が示された。これは、戦時期以降、お金について深く考えなくなっていた日本人にとって、重大な指摘であったと言える。なお、多くの批判を受けた結果、現在では郵便貯金が自動的に財政投融資に使われてはいない。

日本における社会的金融の先駆的な取り組みの一つはＮＰＯバンクだ。預貯金批判のオピニオンリーダーだった田中優が中心となって１９９４年４月に設立したのが、最初のＮＰＯバンクである未来バンク（東京都）だった（ただし、日本では金融庁の審査が厳しいために、新たに銀行を設立するのがきわめて難しい。ＮＰＯバンクはいずれも、消費者金融などと同じ立場の貸金業者として登録されている。だから預金を集められず、融資の原資は預金ではなく出資として扱われる。出資金は預金保険の対象とならない）。

続いて、女性・市民コミュニティバンク（横浜市、1998年〜）や東京コミュニティパワーバンク（2003年〜）などが設立され、全国NPOバンク連絡会をつくるまでになった。これらの動きや市民ファンドなどについての詳細は、『金融NPO』（藤井良広、岩波書店、2007年）にまとめられている。

その後の社会的金融の動きで見逃せないのが、Japan Giving（2011年〜）やReadyfor（2014年〜）などのクラウドファンディングのプラットフォームを提供する団体である。それぞれの特徴を生かしながら、特定非営利活動法人（Non Profit Organization、以下「NPO」）や社会的企業にお金を供給している。

また、2008年の公益法人制度改革以降、基本財産300万円で財団法人が設立できるようになった。それ以降、各地でコミュニティ財団が次々と設立され、存在感を高めている。なかでも、京都地域創造基金（2009年〜）、あいちコミュニティ財団（2013年〜、NPOバンクのコミュニティ・ユース・バンクmomo（2005年〜）と連携）が、先駆的な活動を続けている（木村真樹『はじめよう、お金の地産地消』英治出版、2017年）。これらの動きを支えようと積極的に活動しているのが、寄付文化を広げるために2009年に設立された日本ファンドレイジング協会だ。

日本では、ＧＬＳ銀行のような社会的銀行はまだ存在していない。しかし、社会的金融の動きは２０１１年に民主党政権によって新寄付税制が導入されて以降、急速に広がっている。以下、２０００年以降の新たな取り組みを紹介していきたい。

## 2 社会的事業への出資と寄付――ミュージックセキュリティーズ

### 古くから存在する匿名組合

ミュージックセキュリティーズは、同社代表取締役の小松真実によって、「もっと自由な音楽を。」をコンセプトに２００１年に設立された金融機関（第二種金融商品取引業者。第一種金融商品取引業者（証券会社など）が取り扱う有価証券（上場株式など）よりも流動性の低いものを販売・勧誘する）である。多くの人びとから小口の出資を募るマイクロ投資のパイオニア的存在だ。

小松自身20歳のころまでミュージシャンを目指し、ドラムを叩いていた。いろいろな会社にプレゼンテーションをしたものの、うまくいかない。音楽の道をやめようと思ってゴールドマン・サックス・アセット・マネジメント（投資信託会社）やマイクロソフトでアルバイトをしていると き、情報技術を利用した金融（クラウドファンディングを利用したマイクロ投資）の仕組みを思いついたという。金融機関から見向きもされず、ＣＤデビューの機会すらないミュージシャンたちを何とか応援できればとの想いがあった。

ミュージシャンを支援するために小松が注目したのが、匿名組合という仕組みだ。その考え方は明治時代にドイツから持ち込まれたが、明治・大正を通じて匿名組合が用いられることはほとんどなかった。というのは、先にみたように、政府が金融機関を通じて個人の預貯金を基幹産業にまわす政策をとったからである。では、匿名組合はどのような仕組みなのだろうか。

当然ながら出資者(投資家)である匿名組合員は、事業で利益が出た場合に配当を受け取ることができる(ただし、利益配分についての明確な規定が存在しないため、配分は契約の内容しだいとなる)。しかし、契約どおりに事業を行うことを要求する以外は、出資者は事業経営に関与できない。これが第一の特徴である。

第二の特徴として、出資者は配当を受け取る権利を他人に譲渡できない。これは、契約期間が終わるまで権利を他人に売ったり解約したりできないことを意味する。

第三の特徴は、匿名組合員の制限に関する規定が存在しないため、不特定多数の人びととの契約が可能なことである。情報革命によって契約に要する手間と費用が劇的に下がり、小口の出資を大勢から集めることが以前よりはるかに容易になったため、この仕組みが注目されるようになったとも言える。

事業者にとっては、出資者が経営に関与しないので、比較的自由に事業を進められる。この点は、銀行から融資を受けたり株式を発行したりする場合と大きく異なる。途中解約がないため出

図９　音楽ファンドの仕組み

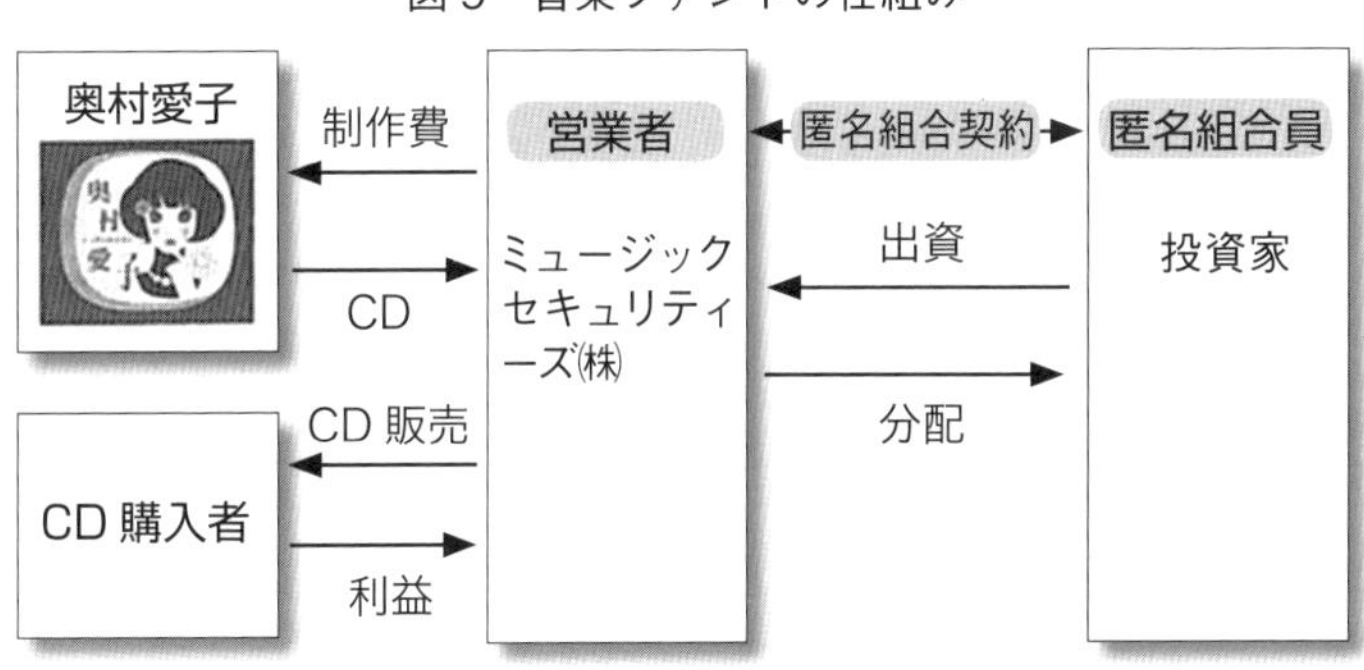


（出所）常冨浩太郎（2005年）『たくさんの人にお金を出してもらう仕組みがわかる本』ソフトバンクパブリッシングより転載。

資金を安心して計画どおりに使用できることも、事業者にとってのメリットだ。利益配分は契約しだいなので、出資者に理解を得られる範囲で自由な設定ができる。一言で言えば、他の資金調達の方法に比べて自由度が高いのが事業者側から見た場合の匿名組合契約の特徴である。

## 無名ミュージシャンを応援する音楽ファンド

ミュージックセキュリティーズが始めた音楽ファンドでは、匿名組合を使って出資者を募り、そのお金をもとにミュージシャンがＣＤ原盤制作やプロモーションを行う。ミュージックセキュリティーズはＣＤ販売にも協力する。図９は、２００３年10月に公募された第８弾の音楽ファンド（BOLERO-6）の仕組みだ。１口１万円で、26人から総額２３６万円が集められた。10口以上でライブチケットプレゼントという特典があったので、10口以上出資した出資者が多かったのだろう。すでに償還済みで、利回りは０・03％であった。これらの情報はすべて、後述するセキュリテで確認できる。

音楽ファンドを利用すれば、既存のレコード会社や銀行などに頼らず、制作費を一般から募ってCDを世に送り出すことができる。しかも、ミュージシャンが出資者の言いなりになる必要がないから、創りたい音楽を自由に創ることができる。ファンは、レコード会社に選ばれた一部のミュージシャンだけでなく、自分が好きなミュージシャンを自由に応援できる。「もっと自由な音楽を。」というコンセプトには、この3つの意味がこめられている。

知名度が低くてメジャーデビューできないミュージシャンにとって重要なのはCDの発売であり、最初の制作資金は少額でもよいという。1000万円を超える音楽ファンドもあるが、100万〜300万円程度も多い。ミュージシャンにとっては知名度を上げるきっかけとなることも重要なので、多くのファンが応援できるように、ほとんどの音楽ファンドは1口1万円に設定されている(このほか、手数料がとられる。以前は一律5・5%、現在はファンドによって異なる)。

出資者にはCDの売上枚数が損益分岐点を超えると配当金が支払われるが、売れなければ元本割れのリスクもある。実際、2017年4月末までに償還済みの音楽ファンド62本のうち、17本では元本割れしている。もっとも、小松によれば、出資者のほとんどは「金銭的なリターンより、活動の支援に価値を見出している」そうだ。

小松が融資ではなく出資にこだわったのは、事業が失敗した場合の貸し倒れリスクを出資者もシェアすることになるからだ。事業内容への共感を通じて、貸し倒れリスクを引き受けてくれる人を集められるかが小松のテーマであった。銀行などの既存の金融機関が苦手な分野の金融、すなわち、無担保なうえ、貸し倒れリスクが高い分野での金融を広めたかったという。

## 大成功した純米酒ファンド

ミュージシャンを応援する金融機関として活躍していたミュージックセキュリティーズが他の分野にも関心を向けるようになったきっかけは、２００７年に、取引先だった銀行から神亀酒造の小川原良征を紹介されたことだった。神亀酒造は、『闘う純米酒――神亀ひこ孫物語』(上野敏彦、平凡社、２００６年)で取り上げられるほど、こだわりをもった酒蔵である。２０１５年２月11日の『リクナビＮＥＸＴジャーナル』で、小松はこう語っている。

「正直、初めはピンときませんでした。当時はあまり日本酒に詳しくありませんでしたし。当社が扱うジャンルではないという印象でした。しかし、専務である小川原さんにお会いし、話を伺って、心を動かされたんです。純米酒という『作品』に想いを込め、最高の品質を生み出そうとするものづくりの姿勢は、まさにアーティストそのもの。酒蔵はその地域の代表であるべきという志の高さ、地域の気候や郷土食に合う味や温度へのこだわりと探求心にも圧倒されましたね。純米酒にかける専務の想いを知れば、音楽ファンド同様、『応援したい』と思うファンが集まるはずだと確信しました」

神亀酒造がミュージックセキュリティーズを必要とした第一の理由は、仕込む日本酒のすべてを純米酒にこだわっているからだ。お米だけで日本酒を造ると、醸造アルコールを添加する場合に比べて原価が上がり、価格面での競争力が落ちる。第二の理由は、神亀酒造がもっともこだわる銘柄のひこ孫を造るには、醸造後3年間も熟成させる必要があるからだ。神亀酒造がいくらこだわりをもって日本酒を造っても、売れるかどうかの見通しが立たない事業に銀行は融資できない。融資を回収するまでに3年以上を要することも、銀行が躊躇する理由である。

2007年9月に募集が開始された「神亀ひこ孫ファンド」には、必要とされた1050万円に対して、154人が申し込んだ(1口5万円 (手数料別))。同年11月末までが募集期間であったにもかかわらず、数日で満額になるほどの反響があった。154人の出資者は、神亀酒造のこだわりに共感し、銀行が背負うことができなかった貸し倒れリスクを引き受けたのだ。4年後の2011年11月までに償還を終えればよいという契約になっていたため、神亀酒造は毎月お金を返済する必要がなく、じっくりと日本酒を熟成し、納得のいくタイミングでひこ孫を発売できた。

出資者には配当のほかに、特典として日本酒と酒粕の贈呈(4年間、毎年4月)と蔵見学への招待が設定されており、出資者はお酒が造られる過程を楽しんで待つことができた。利益配分の方法を自由に決められるという匿名組合の仕組みを生かした、絶妙のファンドをミュージックセキュリティーズは提供したわけだ。こうして、事業者にも出資者にも支持を得られる金融のあり方が生み出された。「神亀ひこ孫ファンド」の利回りはマイナス1・24%だったが、特典を考えれば、出資者にとって損はなかったと言えよう。その後、同様のファンドが「全量純米蔵ファンド」としてシリーズ化され、2017年7月末現在で32本が組成されている。

「神亀ひこ孫ファンド」の成功をきっかけに、ミュージックセキュリティーズは新たな分野のファンドを扱っていく。前掲の『リクナビNEXTジャーナル』で小松は、こう述べている。

「神亀酒造はもともと有名な酒蔵ではありますが、何より小川原専務の想いに共感して下さった方が多かったのだと思います。こういうアーティスト性を持った方は、音楽分野に限らず、さまざまな産業、さまざまな地域にたくさんいらっしゃるのだということに気づかされ、一気に視野が広がりました。既存の金融の仕組みでは評価しづらく、融資ができない分野であっても、当社のファンドであれば支援できるケースがあります」

2009年には現在のマイクロ投資のプラットフォームであるセキュリテが立ち上げられ、音楽以外の分野も積極的に取り扱うようになった。セキュリテでは、現在募集中のさまざまなファンドの事業内容を見られるほか、「ファンドニュース」などで事業の進捗状況を確認できるから、自分のお金がどのように生かされるのかを想像しやすい。リスクや分配シミュレーションといったファンド情報も詳しく記されている。募集終了後のファンドも確認可能で、償還済みファンドの利回りなども調べられる。会社ではなく事業ベースの出資なのも、お金の使い道を見えやすくしている要因だ。

2011年2月末時点で組成されていた104本のファンドのうち、音楽が61本、飲食店が8本、畜産・農業が4本、途上国向けマイクロファイナンスが4本、林業が3本、その他が21本、不成立が3本。自社が扱う金融商品の可能性を実感し始めていたとき、東日本大震災が起きた。

## 被災地を応援するファンド

震災直後、小松はツイッターで、ミュージックセキュリティーズで培ったファンドの仕組みで被災地支援をしたいとつぶやいた。すると、地域企業の再起を助ける方法を模索していた仙台市のNPOファイブブリッジの山田康人や竹井智宏とつながる。そして、震災からわずか1カ月半後の2011年4月25日に、セキュリテ被災地応援ファンドを開始した。

セキュリテ被災地応援ファンドは、1口1万500円に設定されている。その内訳は、出資金5000円、応援金5000円、手数料500円。設立趣旨を引用しよう。

「『セキュリテ』の大切なものを守りたい投資に、応援金という寄付を半分組み合わせることで、従来の金融の仕組みでは及ばない部分を埋め、被災した事業者の方に『今』必要な、資金ニーズで応えます。投資といっても、金銭的な利回りを上げることに主眼を置くのではなく、被災された事業者の方、それを応援する投資家、そして日本全体のコミュニティ・リターンが最大化するよう設計していきたいと考えております。このファンドを通して、一時的な支援ではなく、継続的に、復興が実現するまで長期的に貢献することを目指します」

では、なぜ、半分投資、半分寄付なのか。小松は言う。

「投資と寄付のよいところを組み合わせたいと思ってやりました。投資となれば、将来の事業計画が必要になります。将来の事業計画を一緒につくって、一緒に走りたかったのです。ただ、被災したために財務状況が厳しいので寄付も必要でした」

事業復興への想いが強い企業であっても、地価の下落や工場の倒壊などによって抵当となる資産が減価している状況では、銀行からの新たな融資は難しい。被災地の復興を目指す多くの社会的起業家も、返済についての不確実性の高さから、銀行からの融資が難しかった。そんななか、半分の寄付に加えて、残り半分のお金も場合によっては戻ってこないかもしれないというリスクを出資者が負うことで、被災地の企業が復興に乗り出せたのだ。

被災地応援ファンドが多くの支持を集めたこともあって、金融庁が動き、2011年11月以降、セキュリテを通じて集められたお金は、一定条件（一括償還や一定条件下での利益配当の制限など）を満たせば資本性の高いお金（みなし資本）として扱われることになった。図4（130ページ参照）を見直してほしいが、出資金や寄付金が企業の自己資本とみなされることで、銀行などから融資を受けやすくなり、復興への動きが加速していく。

被災地応援ファンドはミュージックセキュリティーズにとっても転機となる取り組みで、同社が全国から注目を集めるきっかけとなった。震災2カ月半後の2011年5月末までに8本の被災地応援ファンドを組成し、予想以上の反響があったという。同年11月末までに組成した28本のファンドに対して、約1万2000人が申し込み、総調達金額は約4億2000万円。2017年4月末現在では40本のファンドが組成され、約3万人が申し込み、約11億5000万円（半額は寄付)が調達された(このほか、銀行からの融資も地域企業の再起のために使われている)。

『セキュリテレポート』の2011年夏号には、出資者の声が掲載されている。

「今回の投資に、目先の利益は求めていません。どうか雇用と伝統と品質を優先に、歩みを進めてください」

「震災にあってしまった人たちの力になりたい。復興しようとしている人たちの力になりたい。震災を忘れないために、自分のために参加したい」

「相手の顔の見える支援をしたいとかねてから考えていました。このような形で、少しでも経済活動の支援となるならばと思い応募しました」

被災地応援ファンドが注目を集めた要因の一つに、義援金といった大きな枠組みではなく、どの事業者の復興を支援するかを自らが選択し、目に見える形で復興を実感できる点があった。小松は、『ぼくらは働く、未来をつくる。』(AERA編集部、朝日新聞出版、2014年)で次のように語っている。

「ものづくりをする人のサイドに立つことです。人生で一番悲しいのは、何かを諦めること。僕の仕事は、夢を実現したい人のサポートをすることで、投資家のための投資先を探すことではない。……儲けではなく、その投資がどんな意味や意義、こだわりを応援できるものであるかにこだわり続けていきたいです」

著者のヒアリングに対しては、こう話した。

「事業者にどんな資金ニーズがあって、なぜお金を必要とするのか、そしてどんなことをしたいのかについて、出資者には知ってほしい。そのうえでリスクを負ってもらいたい。単にお金を稼げそうかではなく、共感できるかで出資するかを決めてほしい。社会をよくしたいと思ってこの仕事をやっています。ただ、ファンドを組成するうえで社会によいというのは当たり前なので、社会によいからというだけではなくて、共感したうえでお金を出してほしい」

２０１５年6月時点でのセキュリテの会員数（利用者数）は約7万人だった。２０１７年5月4日時点で組成されたファンドの総数は６８９本（募集総額は約71億円）で、有機農業、再生可能エネルギー、漁業、工芸といった分野のファンドも取り扱っている。5月4日時点で受付中のファンドは72本、そのうち10本は熊本地震被災地応援ファンドである。ミュージックセキュリティーズは、これからも日本の社会的金融を引っ張っていく存在であり続けるだろう。

## 3　お金との付き合い方を考えるゆずり葉

### くまもとソーシャルバンクからゆずり葉へ

ゆずり葉は、熊本県をベースに活動する一般社団法人で、クラウドファンディングのプラットフォームを運営している。扱っているお金は少ないものの、お金とどのように付き合うべきかについて長年考えてきた人びとによって運営されている興味深い団体だ。

2003年1月6日、NHKテレビの『クローズアップ現代』で「任せてください〝保険〟や〝融資〟市民が始めた手作り金融」が放映された。当時、熊本県の川辺川ダム建設反対運動に関わっていた土森武友は、市民が力を結集して何かを創り出すというNPOバンクの取り組みに新鮮な驚きと感動を覚えたという。というのは、「最後の清流」とも称される川辺川で計画されていたダム建設をはじめとする国家の公共事業の前では、個人が行えることなどたかが知れていると思っていたからだ。

土森はNPOバンクを熊本でも始めたいと考え、数人の仲間とともに、「熊本の未来は私たちの手で」を合言葉に2005年から設立に向けて活動を始めた。2006年10月には未来バンクの田中優の講演会を、08年8月にはコミュニティ・ユース・バンクmomoの木村真樹の講演会を開催。NPOバンクの意義を熊本で広めるとともに、「くまもとソーシャルバンク」への出資を募っていく。NPOバンクで融資業務を始めるには、最低でも500万円の出資金を集める必要があった。

くまもとソーシャルバンクは2007年8月に設立済みであったものの、出資が思うように集まらなかったこともあり、貸金業の登録を受けられず、融資業務を始められずにいた。やがて、2010年の夏に代表副理事の松下修が哲学者の内山節と出会うことによって、大きな転機が訪れる。それまでは、お金によって生じている地域社会の問題を解決する存在にならなければいけないとは考えていたが、いまの社会の問題点や目指すべき社会像については深く考えていなかったという。

松下は熊本に内山を招き、2011年11月に内山の講演会「未来へのつながり　何を創るかから、何を残すかへ」を開催した。そこには、ゆずり葉の代表理事になる清水菜保子（「環境ネットワークくまもと」などでNPO活動に関わっていた）の姿もあった。講演会で内山は、自身が関わった2001年発表の群馬県総合計画（「21世紀のプラン」）の話をした。

「100年後というと、誰にもどうなるかわからない。100年後に何を創ろうといっても不確定要素が多すぎるので、創ろうから残そうということになり、そこから、子孫の時代がどのような社会経済であっても、残しておきたいものを考える計画に変わった。そこでは、コミュニティ（共同体）や自然とともに生きる社会を考える必要があるとされた」。

こうしてくまもとソーシャルバンクが目指すべき方向性が見えだしていく一方で、融資業務を始める見通しは立てられずにいた。内山の講演会の半年前になんとか500万円の出資金を集めたものの、貸金業登録に関して熊本県の理解をどうしても得られない（県の求めに応じて、他のNPOバンクを参考にして分厚い社内規則を作成したが、登録を認められなかった）。そのため、2012年4月からNPOバンクに代わる仕組みを検討し始め、5月にクラウドファンディングに目を付けた。同時に、内山の考えを深めるべく、6月に2回目の内山の講演会「これからの社会と幸せな働き方」を開催する。内山は幸せな働き方に触れながら話した。

「お互いの関係のなかで互いに尊重されること。誰かが疎外されたり、おとしめられたりしない関係。ソーシャルビジネスも広がりつつある。寄付がたくさん集まるようになって、お金の使い方が変わった。人びとの新しい動きが見えてきた」

この一連の流れのなかから11月に生まれたのがゆずり葉で、「地域の埋もれたもの、失われたものの価値を掘り起こし、みんなの力を集めて、未来に引き継いでいきたい」という想いから名づけられたという（ゆずり葉は、早春、枝先に若葉が出ると、前年の葉が若葉に譲るように落葉する高木）。そして、「経済性、合理性にあわないものとして失われたものの中に新しい価値を認め、地域で掘り起こし、それを未来に引き継いでいこうとする人、あるいはその事業を応援」することを目指した。２０１２年９月には貸金業登録の見通しが立たないくまもとソーシャルバンクを解散し、クラウドファンディングを利用するゆずり葉が新たな役割を担うことになった。

## 温かいお金

ゆずり葉では、現在でも毎年１回は内山を呼んで講演会を開いている。本書との関連で重要なのが２０１３年１月に開催された第３回講演会で、テーマは「お金」。そのときに、「温かいお金」という考え方を知ることとなった。２００９年に内山が著した『怯えの時代』（新潮社）を頼りに、温かいお金の考え方について紹介しよう。

内山は、振り込め詐欺に引っかかる人びとに注目した。振り込め詐欺が流行っているという情報は知っているはずなのに、なぜ多くの人びとが引っかかるのか。そこには温かいお金への願望があるのではないかと、内山は指摘する。

温かいお金に対置する概念が、「冷たいお金」だ。それは、交換価値以上は何も付与されていないお金を意味する。金融市場で動くお金、企業の売上高、支給された年金、毎月の支出など、現代システムのなかで動いているお金のほとんどが冷たいお金だという。たとえば、ある人が5000万円の住宅を買ったとき、取得目的が将来の値上がりであれば、冷たいお金以外の何物でもない。冷たいお金がどのようなものか説明したうえで、内山は問題提起する。

「私たちの社会は根底から変えなければいけないときに来ている。そうでなければ私たちは『冷たい貨幣』に振り回されながら、無気力な人間として生き続けることになるだろう。これでは私たちに幸福感はない。そればかりか『冷たい貨幣』の世界は、その『冷たい貨幣』さえ十分に得られない人びとを生みつづける」

一方、温かいお金とは、人と人の関係のなかで使われるお金、人と人との関係のために使うお金を意味する。振り込め詐欺の話に戻れば、親子関係が表面だけになっているとき、子どもが「本当に困った」と言って自分を頼りにしてきたので、お金を送りたいと思う。ここには温かいお金への願望がある。

温かいお金の世界は、かつては無尽講などの形で広がっていたという。無尽講は会員によって運営され、たとえば月1回、会員が集まって会費を払う。仮に20人がいて会費が1万円であれば、会合のときには20万円が集まる。このお金を必要としている会員に融資する。よく用いられるのがセリで、融資を受けたい人が入札価格を示す。Aさんが19万円、Bさんが18万円だとすると、Bさんが落札し、20万円から18万円を手にする。Bさんが返済するときには20万円を返済する。差額の2万円は、出資者である会員が受け取る利子になる。

この仕組みには三つの特徴がある。第一に、外部のシステムに頼らない自分たちの金融として生まれている。第二に、利子が前払いになっているため、利子が利子を生んで借りたお金が雪だるま式に増えることがない。第三に、メンバーがよく知り合っている少人数、通常は20～30人程度なので、お互いの配慮が働く。たとえば、Aさんの家族が入院して困っていて、Aさんが19万8000円の入札価格を示したときに、他のメンバーは入札せずに、Aさんが低利で借りられるようにする。また、誰も資金調達が必要でなく応札者がいないときに、経済状況が良いメンバーが15万円で入札するという形で、他のメンバーたちが共同で受け取る利子量を増やすこともできる。無尽講の会員の関係のなかで使われるお金は、温かいお金である。

ところが今日では、こうした仕組みをつくることは容易ではない。本当に信頼できる20～30人を集めるのが大変なのである。近代世界は人間と人間の結びつきや自然と人間の結びつきを、商品や市場での結びつき、巨大システムによる管理に変えた。冷たいお金の世界が広がり、市場経済や巨大システムの動揺に怯えるようになっていった。内山は次のように述べる。

「これまで多くの人たちが『お金で買えないもの』を大事にする生き方をしなければいけない

と説いてきた。それはそのとおりだ。お金では買えない豊かさや幸福感といったものを視野に収めていなければ、私たちは『冷たい貨幣』に振り回されるばかりだ。だがそれだけで十分なのかと言えばそうではない。なぜなら良い悪いは別にして、現状では私たちは貨幣の世界から離脱することができないかたちで存在しているからである。たとえお金では買えないものをみつめていても、貨幣を介するしかない部分では『冷たい貨幣』に振り回されてしまうことになる。そして、だからこそ、『冷たい貨幣』を『温かい貨幣』に変えることが必要なのである。私たちの等身大の関係のなかで、貨幣価値とは異なる価値を付与しながら、『温かいお金』を創造していくことが、である」

## 新たな共同体をつくる、ゆずり葉のクラウドファンディング

内山の考えに強く影響を受けながら、ゆずり葉は現代社会において温かいお金を生み出す方法を模索していく。クラウドファンディングでお金を集めるようになったのは2015年6月からで、16年4月の熊本地震までに7事業の資金集めをした。ほとんどが30万～100万円の事業である。各事業の詳細は、ゆずり葉のホームページで確認できる（本章扉写真）。ここでは、そのうちの一つである「木育広場」事業を紹介したい。

木育広場は、うんていやすべり台や積木ひろばなどの数種類の木製遊具から成る遊び場だ。移動式のため、希望する幼稚園や児童館などに持ち運ぶことができる。事業紹介のページには、こ

う記されている。

「子ども達が想像力を膨らませ、自由に遊べる木育ひろば。木を身近に感じる事こそ木育です。私達は木育ひろばが『親子のふれあいの場』になることを願っています」

木育広場の製作費は約70万円で、その一部をゆずり葉のプラットフォームを利用して集めようとした。目標金額は35万円で、内訳は遊具製作費(70万円の一部)が23万7500円、リターン費用が6万円、ゆずり葉の手数料が5万2500円。リターン費用とは、お金を出した人へのお礼で、たとえば3万円を出した人に対しては、名前入りの積木をイベントごとに飾るサービスと1日遊具貸出権が付与される。

お金を出した際のリターンがあるので、一般的には購入型クラウドファンディングに分類されるが、23万7500円が事実上の寄付であるため、寄付型クラウドファンディングと言ったほうがよいかもしれない。2015年10月30日の募集期間終了日までに目標金額を上回る46万1000円が55人から集まり、事業は始められた。

ゆずり葉の特徴は、プラットフォーム上で資金集めを始める前に、事業者と納得いくまで話し合うことだ。事業者が単に資金集めを目的としているようなら、断る。何のために事業をするのかを尋ね、話し合う。事業に公益性がなければ、多くの人びとからお金を集めるのが難しいと考えているからだ。代表理事の清水が語った。

「その事業体の根っこは何かをしつこく聞きます。本人は当たり前と思っていることでも、第三者であるゆずり葉が事業計画に口出しすることで、多くの人に理解してもらえる事業に表現し直すことができます。話し合う時間がとても大事だと思っています」

木育広場事業の場合、事業者である木育工房は、当初から無垢の国産材を使うとしていたものの、国産材であればどこのものでもよいと考えていた。それに対して、ゆずり葉代表副理事の松下が提案したのが、川辺川ダム建設をめぐる移転用地補償金で揺れた五木村の木材の使用である。日本の林業は危機的な状況だ。2015年度から「森林で自立する村づくり」を進めている五木村の木を積極的に使うことで、事業に社会的な意義の付与を勧めた。こうして、子どもの木育だけでなく、熊本の森林を残していく一助となる事業に木育広場事業が変わった。

五木村は2017年1月に「ウッドスタート」(日本グッド・トイ委員会が展開する木育の行動プラン)を宣言。その際の公募コンペで、木育工房の五木産材おもちゃ「五木の恵みパズル」が最優秀賞に選ばれた。少額の支援で、事業者が着実に地域とつながる事業が生まれたのである。ゆずり葉のもう一つの特徴が、まさにこの点だ。

「クラウドファンディングでお金を集めることがゴールではありません。人と人、人と自然との関係性をつないで共同体をつくっていくことを目指しています」(清水)

ゆずり葉で資金集めをすると、事業は異なっていても同じ人がお金を出す場合が多いという。これは、お金の出し手がゆずり葉の考え方を支持し、ゆずり葉に選ばれた事業であれば間違いないと信頼しているからだろう。ゆずり葉では未来パッチワークと銘打って、普及・啓発・交流事業に力を入れている。内山節講演会もその一つだ。そのほか、新たに資金集めをしようとしている事業者と過去に支援を受けた事業者とが話し合う場を設けることもある。

ゆずり葉ではこれまでのところ、自らの団体の目指すべきものを明確にし、熊本で共同体の核となる人びとを見つけることに、とりわけ力を入れてきた。それらの努力によって、信頼できるクラウドファンディングのプラットフォームとみられるようになっている。ゆずり葉にとってクラウドファンディングとは、ゆずり葉と一緒に地域をよくしていきたいと考える人を見つける方法の一つではないだろうか。地域をよくするための事業にお金が集まることは当然重要だが、同時に、ゆずり葉の考え方を知らせ、これからの地域を担う人を増やし育てる機会でもある。

お金の出し手と最終的な受け手との間をつなぐ中間支援組織は、目立ちにくい存在のため、重要さが認識されにくい。しかし、それぞれの中間支援組織にはそれぞれの理念があり、それによって選ばれる事業も変わる。まして、ゆずり葉のように関係性をつないで共同体をつくっていこうとする組織であれば、自身が地域社会のために果たす役割がもっと多くの人びとによって評価されなければならない。

だが、次で紹介するみらいファンド沖縄と同様に、ゆずり葉も満足な人件費を捻出できていない。というのは、大手のクラウドファンディングのプラットフォーム提供団体のように、大量の事業のスピーディーな提案（額の大きい事業を多く成立させれば、手数料収入が増える）は、じっくりと話し合って本質を捉えていくゆずり葉の理念に反するからだ。人件費の問題は、ゆずり葉の取り組みが継続するうえでの懸念材料である。

最後にヒアリングの際にもっとも印象的だった清水の言葉を紹介したい。

「社会の一員であるという意識が希薄な人びとや、自分では何も変えられないと考える人びとが、多いと思います。でも、実は自分たちの望む社会は自分たちでつくっていけるということを知ってほしいですね。自分のためではなく、誰かを喜ばせるお金の使い方を知ってほしい。誰かが喜ぶことで、心が温かくなる、そんなお金の使い方が日常になるといいですね」

熊本地震後、複数の相談があったものの、事業者と十分に話し合う時間を確保できなかったこともあり、クラウドファンディングを行えずにいたが、2017年4月に「音楽の『力』で熊本の復興を！」という事業で約1年ぶりにお金が集められた。まだ小さな取り組みではあるものの、ゆずり葉は今後も着実に歩みを進めていくだろう。

## 4　みらいファンド沖縄の先駆的な活動

### 地域の問題を解決するコミュニティ財団

コミュニティ財団の一つである公益財団法人みらいファンド沖縄は、京都地域創造基金に続く先駆的な取り組みとして2010年に始められた（現在では、各地のコミュニティ財団間の連携を強めるため全国コミュニティ財団協会が設立されている）。コミュニティ財団は、1914年にアメリカで生み出された考え方である。日本では、公益法人制度改革施行前の1991年に大阪コミュニティ財団が活動を始めている。

コミュニティ財団は、地域社会（ほとんどが都府県ベース）の公益活動を支援するために個人や企業から寄付を集め、多数の個別基金を管理する。また、教育、社会、文化、福祉などの分野のNPOなど公益事業体の支援を通じて、地域社会における生活の質を向上させる。企業や個人による私的な財団との違いは、複数の寄付者をもつことだ。寄付者の意向を考慮しつつ、地域社会における生活の質の向上を第一に考えて助成先を選定する。NPOとの違いは、地域社会にサービスを直接提供するのではなく、公益事業体の事業を支援するための助成を行うことである。

一般の財団が単独の寄付者による基金をもつのとは異なり、コミュニティ財団は多数の寄付者による多数の基金で構成されている。一つのコミュニティ財団の中に名前や個性の異なる複数の小型基金が存在し、それらが一括管理・運営される。通常の財団を一戸建ての家とみたとき、コミュニティ財団はマンション型財団と呼ばれる（GLS信託財団の家財団と類似の仕組み）。最大のメリットは、資産家でなくとも財団の設立と同じ効果を享受できる点である。また、寄付者自身で基金を設置すれば、解決したい地域問題に取り組む活動を支援できる。しかも、基金の管理・運営はコミュニティ財団が行ってくれるので、基金設立にともなう雑用に忙殺されることもない。

どのような団体が設立に関わったのかによって力を入れる点が異なるが、主な役割は、①寄付

図10　みらいファンド沖縄の寄付プログラムの仕組み

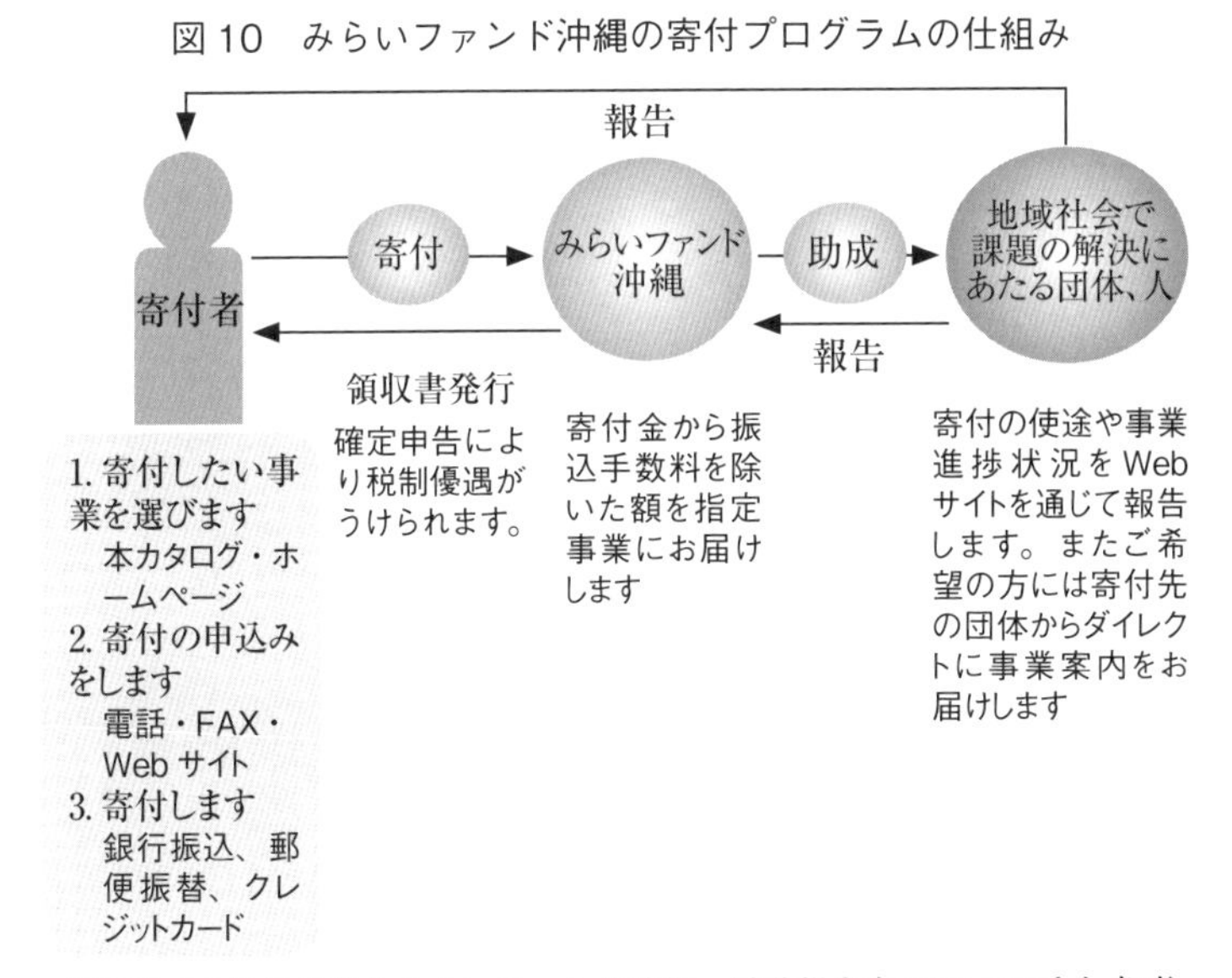


（出所）『公益財団法人みらいファンド沖縄　活動報告書 2010-2015』を参考に筆者作成。

金の管理・運営、②ファンドレイジング、③NPOなどの公益事業体のキャパシティビルディング（組織的な能力の向上）の支援、④政策提言、解決手段の提示である。もっとも基本的な役割が①で、寄付金を地域に役立つ形で生かす方法をつくりださなければならない。なお、日本では、寄付を多く募るための活動（②）を行うコミュニティ財団が多い。

**寄付プログラムの仕組みと特徴**

みらいファンド沖縄の寄付プログラムの仕組みは、図10のとおりである。寄付者は、みらいファンド沖縄が公益性を担保する事業や基金の中から、自分が寄付したい取り組みを選ぶ。事業や基金には、乳がん患者が元気に闘うための環境づくり事業、へき地校を巡るプロオーケストラコンサート事業、こどもの島沖縄東北交流体験プロジェクト、沖縄まちと子ども基金などがある（2017年3月末までに42設置）。

また、じぶん基金という方法をとれば、寄付する事業内容について寄付者が一定程度関わり、基金に自分の名前も付けられる。ただし、寄付者がすべてを思いどおりに決められるわけではない。というのは、みらいファンド沖縄をとおして後述する税制優遇を受ける以上、みらいファンド沖縄の責任で、基金からの助成で実施される事業の公益性を担保せねばならないからである。現在はそのために設けた外部選考委員会での話し合い結果を踏まえて、事業を選んだり、より公益性の高い事業に修正すべくアドバイスを行ったりしている。

寄付者が公益事業体に直接助成するのではなく、みらいファンド沖縄を通じて助成するのは、税制優遇が受けられるからである。2011年6月に寄付税制が大きく変わった結果、公益財団法人に寄付した個人は、最大で寄付額の5割を納税額から差し引くことができる。実際、毎月10万円の寄付者がいて、そのうち5万円は税金の支払いを免除されている。簡単に言えば、10万円寄付した場合の実質的な負担は5万円ですむ。しかも、その10万円は、自分が望ましいと考える公益事業の支援に使われる。なお、みらいファンド沖縄は、手数料として、寄付額の15％を受け取る。手数料は運営のために使われる。

事業指定型の寄付事業では、当該事業を実現するために必要な寄付目標金額が設定されている。この目標金額に到達しない場合、一定程度の寄付が集まっても事業体に助成せずに返金する

表9　みらいファンド沖縄の寄付額と助成額

（単位：円）

| 年度 | 2010 | 2011 | 2012 | 2013 | 2014 | 2015 | 2016 |
|---|---|---|---|---|---|---|---|
| 寄付額 | 9,197,780 | 3,824,684 | 5,170,037 | 4,920,777 | 2,760,362 | 12,718,093 | 29,679,412 |
| 助成額 | 5,755,250 | 2,427,218 | 3,709,315 | 2,383,834 | 2,549,919 | 1,745,517 | 1,325,250 |

（注）寄付額にはみらいファンド沖縄自体への寄付も含まれる。2015、2016年度の場合は1000万円の遺贈寄付が含まれている。2017年3月までの延べ寄付者数は723人である。
（出所）みらいファンド沖縄の事業報告書をもとに筆者作成。

中間支援組織もある。みらいファンド沖縄の場合は、目標額に到達しないことも想定して、支援先の公益事業体に目標額以下のときに何ができるかをあらかじめ考えてもらうことにしている。たとえば、1人1万円で実施できる事業があり、それを100人やりたいという計画であれば、目標額の半分しか寄付金が集まらなくても50人分の支援ができる。

コミュニティ財団のもっとも基本的な役割である寄付金の管理・運営（190ページ①）からみていこう。みらいファンド沖縄では、2014年度までは設立1年目の2010年度が寄付額・助成額とも最高で、その後は減少傾向で推移してきた（表9）。この理由は、運営をとおしてわかったことがあったからで、副代表理事の平良斗星は次のように話した。

「最初は、お金を多く集めて助成すれば、地域の問題が解決すると思っていたのですが、そうではないことがわかりました。お金を渡すだけでは、支援を受けた公益事業体が孤立します。地域を巻き込みながらでなければ、問題はうまく解決しません。とくに、私たちの助成は額が大きくないから、社会的インパクトを出すための方法を考えることが必要でした」

このことに気づいて以降、みらいファンド沖縄では、②のファンドレイジングに力を入れるのではなく、お金の点でも人材の点でも資源が限られている地方ならではの解決方法の提示④に力を入れていく。

## 効果的な沖縄式地域円卓会議

そこでみらいファンド沖縄がまず始めたのが、沖縄式地域円卓会議だった。地域の問題を解決するためには、問題が何かに気づき、それを地域の人びとに投げかけるところから始めなければならない。だが、ＮＰＯの代表者が報告し、専門家がコメントして、最後に一般から質問を少し受けて終わりという従来型のシンポジウムでは、地域の人びととの問題の共有が難しいと感じていた。そのとき、円卓会議という方法を聞いて興味をもったという。

「私たちは、当時、二つのことしか知りませんでした。円く座るらしいということと、マルチステークホルダーという言葉。この二つから想像でつくったものが沖縄式地域円卓会議です。結果、独特のものができあがりました」(平良)

多様な主体が参加して対話と協働を進める過程をマルチステークホルダー・プロセスと呼ぶ。沖縄式地域円卓会議でも、このプロセスが取り入れられた。みらいファンド沖縄で特徴的だったのは、会議の際に困りごとから始めるようにしたことである。ＮＰＯ、行政、企業、地元住民がそれぞれ、「いろいろやってきたけど、うまくいかなかった」という事実をまず話す。会議の時間はおよそ150分で、困りごとの事実確認に80分近くを割く。平良は言う。

「さまざまな人が問題を共有するのはクリエイティブなこと。みんなの前で自分が感じている問題を声に出して読むだけでも、共感度がすごく上がります」

困りごとを共有したら、参加者全員が席の近い人と20分程度話し合う。地域の問題が何であるのかにたどり着いたら、30分程度で解決に向けての方向性を探る（残りの20分は、導入と振り返りに充てられる）。ただし、一回の円卓会議で具体的な解決策を生み出す必要はない。あくまで、問題を共有するための対話の場所を提供するのが目的である。

当初は、NPOなどの公益事業体が孤立しないように、地域の問題の共有と仲間づくりが主な目的だった。何度も行っているうちに、行政事業の周知や住民参加意識の啓発、政策課題を明確にする政策マーケティングのツール、事業者内の課題を外部に開き社会とつなげる場といった目的にも役立つことがわかり、円卓会議の開催はみらいファンド沖縄の中心的業務になっていく。なお、この取り組みは、2016年11月に第11回マニフェスト大賞の優秀コミュニケーション戦略賞を受賞した。

みらいファンド沖縄では、沖縄地域社会ビジョン大学院という取り組みも続けてきており、ここでは問題解決のための企画を描くことができる人材を育成している。助成を受けたお金を計画どおりに使い、企画を実現できるスキルをもつオペレーター（管理者）の育成も始めた。こうして現在は、円卓会議で共有された問題を解決できる人を育て、チームづくりにつなげている。

今後は、地域の問題に取り組もうとするチームに十分な助成金が与えられるように、寄付集めが必要になる。「事業内容と人(メンバー)がしっかりしていれば、お金はあとからついてきます」と平良は自信をもって話した。実際、遺贈寄付を除いても2016年度は多くの寄付を集めたし、17年度も順調なすべりだしだという。

### 収入の確保と沖縄独特の問題

一方で課題もある。日本のNPOやコミュニティ財団では、GLS信託財団や欧米の財団とは異なり、ほとんどが職員に十分な給与を支払えていない。みらいファンド沖縄も、運営費・人件費の確保に苦労している。

設立当初は沖縄県からの委託業務を多く受けていたため、3〜4人の専従職員を雇用していたが、「このままでは県の下請け機関になり、自分たちのやりたいことができない」と判断。委託業務の更新をすべて断り、2013年度末までに専従職員全員に辞めてもらった。当時、寄付の手数料とみらいファンド沖縄自身への寄付で100万円程度の収入はあったが、それでは専従職員一人も雇えない。2012年度以降は円卓会議の開催支援を年に8回程度頼まれており、現在は1回30万円程度のその収入が中心である。

寄付額が安定して増えれば専従職員を雇えるかもしれないが、どの程度集まるかは見通しが立たない部分が大きい。いまのところ、寄付を収入の中心としては考えられない。

もう一つの課題として、沖縄独特の難しさがあるという。たとえば、沖縄まちと子ども基金では、子どもたちを地域が支えられる環境づくりを目指し、問題解決型の事業・調査を行うＮＰＯなどに助成を行っている。沖縄では10代出産の割合が２・６％と全国平均の倍で（２０１５年）、父子・母子家庭率６・36％も全国平均の倍だ（２０１３年）。就学援助制度の認定を受けた児童・生徒数も約２万９０００人（全児童・生徒の20・16％、２０１４年度）と、きわめて多い。

こうした数字の原因を探っていくと、米軍基地の問題が見え隠れする。みらいファンド沖縄として直接的に何かできるわけではないが、だからと言って米軍基地を無視して考えることもできないという。そこで次節では、米軍基地との関係で生じた注目すべきお金との新しい付き合い方をみることにしよう。

## ５　基地移設反対運動を支える辺野古（へのこ）基金

### 多額の寄付が寄せられた

沖縄では１９９５年の米兵による少女暴行事件をきっかけに、基地負担軽減の議論が活発になる。日米両政府は普天間飛行場の全面返還に合意する一方で、代替基地の建設を返還の条件とし、その候補地を名護市辺野古のキャンプ・シュワブ沖合とした。その後、新基地建設反対の世論が高まるたびに日本政府は、沖縄県や名護市に辺野古移設を受け入れさせるために、数々の補助金や交付金による事業を実施してきた(1997年度から「沖縄米軍基地所在市町村活性化特別事業」(島田懇談会事業)、98年度から沖縄米軍基地の整理縮小を協議した「沖縄に関する特別行動委員会」(SACO)の補助金、2000年度から北部振興事業、01年度からSACOの交付金、08年度からは再編交付金事業)。

これらの基地維持財政政策の詳細は『沖縄論』などをご覧いただきたいが、日本政府が多額の補助金の投入によって、沖縄の世論を一定程度コントロールしようとしてきたことは間違いない。また、「基地か経済か」という二択を迫られるなか、基地の受け入れを仕方のないこととして考える沖縄の人びとがいたのも事実である。

しかし、近年、辺野古移設反対の民意が沖縄県内外で広がるなかで、政府によって長年実施されてきた基地維持財政政策に一石を投じる運動が起こっている。それが辺野古基金への寄付である。この運動は、多人数の資金的援助(寄付)を通じて辺野古移設反対運動を支えるもので、これまでにはない新しい取り組みと言えよう。

辺野古基金の設立に中心的に関わったのは、「沖縄『建白書』を実現し、未来を拓く島ぐるみ会議」(以下「島ぐるみ会議」)である。島ぐるみ会議は、市民団体関係者のほか、翁長雄志那覇市長(当時、現在は沖縄県知事)をはじめとする首長、議員、地元建設・小売業大手の金秀グループの呉屋守将会長をはじめとする政財界のメンバーから構成されている。2013年1月28日に安倍晋三総理大臣に対して提出された建白書を実現するために、14年7月27日に結成された。その後、島ぐるみ会議が辺野古移設反対の民意を国内外に広げることを目的に基金の設置を検討し、２０１５年４月９日に辺野古基金の設立を発表するに至った。

辺野古基金の目的は、規約によると「辺野古新基地建設に反対し、建白書において要求されたオスプレイ配備の撤回、普天間基地の閉鎖・撤去及び県内移設を断念させる運動（活動）の前進を図るために物心両面からの支援を行い、沖縄の未来を拓くこと」。その最大の特徴は、さまざまな運動体を資金的に支援するためだけの団体という点だ。役割は資金を集めて運動体に配分するだけで、自らは一切の反対運動を行わない。

任意団体だから、みらいファンド沖縄に寄付したときのような税額控除が受けられるわけではない。にもかかわらず、みらいファンド沖縄とは比べものにならないほど多額の寄付が寄せられている（表10）。

設立から1カ月も経たずに1億円が集まり、その後も寄付のペースは落ちなかった。3カ月を待たずに当初目標額の３億５０００万円を突破。目標額の達成後はそれまでの勢いこそなくなったが、２０１７年８月２日時点で、約6億３２００万円を集めている（みらいファンド沖縄への寄付は２０１６年度までの7年間で約６８００万円）。当初、具体的な事業内容が必ずしも明確ではなく、しかも税額控除が受けられないのに、2年間でこれだけの寄付額は、驚くべきことと言える。

表10　辺野古基金へ寄付額の推移

（単位：円）

| 年 | 月　日 | 件　数 | 寄付額 | 事　　項 |
|---|---|---|---|---|
| 2015 | 4月 9日 | 0 | 0 | 辺野古基金設立発表 |
| | 4月24日 | 3,381 | 89,780,193 | |
| | 5月11日 | 15,022 | 185,406,093 | 4月28日に1億円を突破 |
| | 5月27日 | 25,832 | 294,797,700 | |
| | 6月10日 | 31,569 | 335,080,350 | |
| | 6月24日 | 37,927 | 359,337,968 | 当初目標の3億5000万円を突破。目標額を7億円に |
| | 7月29日 | 49,934 | 404,783,283 | |
| | 9月30日 | 65,321 | 456,126,285 | |
| | 12月22日 | 78,097 | 510,785,158 | |
| 2016 | 3月16日 | 89,404 | 554,570,286 | |
| | 6月23日 | 100,706 | 574,654,291 | |
| | 9月14日 | 107,477 | 585,673,754 | |
| | 12月 7日 | 108,445 | 597,729,193 | |
| 2017 | 3月29日 | 111,080 | 616,186,018 | |
| | 8月 2日 | 112,353 | 632,082,068 | |

（出所）辺野古基金のHPをもとに筆者作成。

それは、税額控除を受けられなかったとしても、辺野古基地建設の反対につながる活動を支援したいと思う人びとの多さを示している。税額控除の有無よりも、寄付により実現されるかもしれない成果を大切に考える人びとが多かったのだ。寄付件数は8月2日時点で約11万件。沖縄県内は3割ほどで、県外の人びとからも多大な支持を受けている。

**主な助成先**

目標額は当初の3億5000万円から7億円に変更された。辺野古基金へのヒアリングによると、そもそも寄付がどの程度集まるのかわからず、明確な設定根拠はなかったという。とはいえ、基金設立時から予定されていた日本国内やアメリカの新聞への意見広告をはじめ、県内移設を断念させる運動の支援には最低３億５０００万円程度は必要だという認識はあった。当初の目標額達成以降は、より広範な運動の展開にはできるだけ多く寄付が集まるのが望ましいとして、新たな目標額が設定されたそうだ。

もっとも高額の助成事業は、日本国内の新聞への意見広告である。島ぐるみ会議と「ヘリ基地反対協議会」（辺野古基地建設反対のために、環境現況調査への抗議活動や10年以上も続く辺野古海岸での座り込みなどを行う団体）が広告主となり、２０１５年８月30日から９月９日までの期間に、全国紙３紙と地方紙48紙に、「沖縄県民の83％が辺野古移設反対です」などと記された意見広告を掲載し、１億８５００万円を要した。

このほかの助成は、ヘリ基地反対協議会に、船に乗りながら海中を観察できるグラスボート（１０００万円）や、転覆しにくい特注のカヌー20艘（２８１万円）の購入費用、各地域の島ぐるみ会議に辺野古までのバス運行費用（各30万円）、沖縄の声を届けるために２０１５年11月に実施された沖縄・島ぐるみ会議訪米団の訪米活動（３００万円）などである。こうした助成を２０１６年３月末までに延べ61事業体に行い、助成総額は約２億６２００万円。２０１７年３月末までの助成総額は、約４億３０００万円にのぼる。

ＨＰで公開された２０１５年度の決算書によると、寄付額は５億５７９１万７０６６円で、そのうち２億９７０９万３４８４円が使われた（残額は２０１６年度予算に繰り越し）。当該期間に要した会議費(約26万円)、事務局費(約571万円)、広報委員会費(約2820万円)、予備費(約43万円)などの運営費・人件費は約3460万円で、支出総額に占める割合は11・6%だ。つまり、寄付額の88・4%が辺野古基地反対のために直接使用されている。

運営費・人件費の割合が極端に少ないのは、運営委員がボランティアベース(受け取っていても1カ月2万〜5万円)で関わっているからである。専従職員を1名雇っているが、その給与も時給1000円(月額16万〜17万円)だ。中間支援組織で働く人に十分な給与が支払われるべきであるが、辺野古基金の場合は、批判を避けるという意味も含めて、寄付金をできるだけ辺野古基地反対のために直接使うようにしている。なお、辺野古基金自身の取り組みに対する広告費を減らしたため、2016年度には、支出総額のうち95・7%が事業体への助成金として使われた(約1億5000万円のうち約1億4400万円)。

辺野古基金の取り組みに賛同してたくさんの人びとが寄付をする一方で、懐疑的な目を向ける人びとも少なくない。たとえば、2015年12月に宮古島市議会の議員が一般質問で、辺野古基金を引き合いに出し、「辺野古行きのバス停があり、そこから弁当つき日当つきでデモをしている」と発言した。しかし、これらの事実はなく、市議の発言の根拠はインターネットの投稿や知人の噂だったという。

辺野古基金は任意団体であるため、制度上は事業成果報告や決算報告を行う必要はないが、透明性や説明責任には神経を遣っている。当初は助成先を公表していたが、その事業体が嫌がらせを受ける事態が発生して以降は、一般へは助成総額のみを公表し、マスコミに全助成先と助成額を知らせる方法に変えた。助成条件として成果報告と領収証の提出を課しているので、全助成先からそれらが届いている。ただし、助成先への配慮から公開はできていない。政治的にセンシティブな部分があるため、詳細な情報まで一般に公表できていないものの、可能なかぎり透明性を確保し、説明責任を果たそうと努力している（辺野古基金に対する人びとの理解が深まったためか、２０１７年７月に、ＨＰ上で２０１６年度支援先一覧を公表した）。

２０１６年12月には、およそ10カ月ぶりに辺野古沖の埋立工事が再開された。今後の最大の課題は、辺野古移設を防ぐための効果的な助成先や助成方法を見つけることになるかもしれない。辺野古基金自身、１億８５００万円をかけた新聞への意見広告が費用対効果でみたとき、好ましい方法ではなかったかもしれないと考えている。たとえば、２０１６年11月に沖縄で開催された日本環境会議沖縄大会は、新聞などで大きく報道されたため、少ない助成額で辺野古移設の問題を多くの人に広められた（２０１７年３月には『沖縄の環境・平和・人権・自治』（日本環境会議沖縄大会実行委員会編、七つ森書館）も出版された）。こうした効果的な助成先を増やしていければ、少しずつでも状況を変えていけるだろう。

## 辺野古移設反対の意志を表明する場の提供

数々の基地維持財政政策の実施が辺野古移設反対の世論を抑えるのに有効に機能しなくなって

いるにもかかわらず、日本政府はキャンプ・シュワブ周辺の久辺三区(辺野古、豊原、久志)に対して、交付金を名護市を通さず直接支出する方針を2015年10月に発表した。各区1300万円を上限に補助率100%で交付され、2016年度以降も継続されている。

沖縄県、名護市を含めた沖縄県内全地方自治体で辺野古移設反対の意志が示されるなか、法律の解釈を変更してまで基地周辺地区に交付金を直接与えられるようにし、当該地区だけでも移設に賛成させようというのであろう。しかし、たとえそれらの地区で賛同を得られたとしても、そこまでしては辺野古基地建設の大義が失われるだけではないだろうか。

反対に、辺野古基金への寄付は、民意を示す手段である。寄付金の税額控除が受けられない寄付は、辺野古移設に反対する運動を支えたいという純粋な想いに支えられている。2017年8月2日現在で延べ約11万2000人もが代償を求めず寄付したという事実は、沖縄の人びととの辺野古基地移設反対を支持する多くの本土の人びと(寄付件数の約7割)の存在を明らかにした。日本政府が基地周辺地区の世論を意識しているのに対し、辺野古基金は日本全土やアメリカの世論を意識している。

辺野古基金が創設されるまで、名護市外や沖縄県外の人びとは、辺野古移設に反対する自分の意志を世間に表現する手段がほとんどなかった。また、強制的に徴収される税金で日本政府が沖縄に対する基地維持財政政策を展開しても、抗議する効果的な手段をもたなかった。しかし、辺野古移設反対運動を資金的に支える辺野古基金の誕生によって、自由な意志で寄付先を選択できる。辺野古基金に多大な寄付金が寄せられたのは、辺野古移設反対という自分の意志を表明したいと考える人びとが多く存在していたからである。寄付者の意志を表せる場を提供したという点が、辺野古基金の最大の意義だったと言える。

辺野古基金の共同代表の一人である菅原文子は、２０１５年8月6日の『毎日新聞』で次のように話している。

「民主主義は誰かが守ってくれるものではありません。憲法に書かれている通り、国民が不断の努力で守ってゆくもの。夫（菅原文太）はその務めを果たした。私も自らの務めを果たしたいのです。必要なのは、周りに流されず、自分の頭で考えて声を上げること。菅原も勇気を持って反原発や平和を語りましたが、それは誰もがやらなければならないことなのです」

彼女は菅原文太の死後、「文太さんにはもっと生きて、発言してほしかった」と声をかけられることがあったという。それに対して、毅然と次のように話したという。

「あなたが発言する番でしょう、と言いたい。一人一人が違う場所、違う言葉で発言することが大切なのです。安保法制や原発再稼働に対して、若者を中心に新しい形の反対運動も始まった。多くの人が、今までの〝お任せ民主主義〟ではだめだと思い始めた。新しい社会を築くチャンスなのです」

長年投入されてきた補助金が沖縄の発展に必ずしも寄与してこなかったこともあり、再編交付金をはじめとするいわゆるひも付きの補助金に頼らない方向を沖縄は目指すようになっている。

補助金と引き換えに沖縄に基地負担を過重に押し付けてきた日本政府の長年の政策に対し、異議の声が各地であがっている。これらの動きに応じる形で始まったのが辺野古基金だ。その寄付金は、総額としては日本政府からの補助金に及ばないとしても、民意を示す重要な手段である。

辺野古基金の取り組みは、お金との新しい付き合い方を示した点で重要である。そして、基地維持財政政策や原発維持財政政策にからめとられてきた他の地域にも貴重な示唆を与えており、市民運動を資金的に支えることを目的とする中間支援組織という新たな取り組みとしても注目に値する。

みらいファンド沖縄の平良は、政治を信じているが、一方で市民社会をつくらなければ政治も動かないと考え、「市民が政治（政策）を動かす」と話した。辺野古基金の取り組みは、安全保障の問題を国だけに任せずに自分たちでも考えようとする動きとみることができるし、沖縄の問題を沖縄の人びとだけに任せずに自分たちでも考えようとする動きとみることもできる。

辺野古基金の取り組みには、ＧＬＳグループがシェーナウ電力を支援したときと同じ想いがこめられているように感じる。それは、沖縄の問題は将来に対する責任をともなっており、国がもはや解決できない問題に市民自らが取り組む活動を支援したいという想いである。

哲学も異なるし、積み重ねた経験もＧＬＳグループにはるかに及ばないものの、本章で取り上げた４つの団体に私が期待を寄せるのは、それぞれの団体にＧＬＳグループと同じ想いをみるからである。

**【より深く知りたい人のために】**


グループＫＩＫＩ（１９９３）『どうして郵貯がいけないの――金融と地球環境』北斗出版。

野口悠紀雄（２００８）『戦後日本経済史』新潮社。

藤井良広（２００７）『金融ＮＰＯ――新しいお金の流れをつくる』岩波書店。

木村真樹（２０１７）『はじめよう、お金の地産地消――地域の課題を「お金と人のエコシステム」で解決する』英治出版。

セキュリテＨＰ（https://www.securite.jp/）。

内山節（２００９）『怯えの時代』新潮社。

ゆずり葉ＨＰ（http://www.yuzuriha.fund/）。

みらいファンド沖縄ＨＰ（http://miraifund.org/）。

林公則（２０１６）「辺野古基金とふるさと納税の可能性と問題点」『平和研究』第47号。

辺野古基金ＨＰ（http://henokofund.okinawa/）。

# エピローグ　社会的金融機関の可能性

## 家庭の負担を抑えて「すべての子どもに楽器を」

ボーフム・シュタイナー学校に、今日も子どもたちがカバンを持って登校してくる。

「そのカバンには何が入っているの?」

「楽器が入っているんだよ」

ボーフム・シュタイナー学校で、音楽プロジェクト（事業）が始まったのは、2001年だ。この事業には、音楽の喜びを子どもに体験させたり音楽の才能を伸ばしたりするほかに、楽器の演奏や音楽に親しむことによって、子どもの学習能力を長期にわたって高めるという目的もある。

基礎学校（日本の小学校1～4年）の2年生と3年生に対して2年間行われ、参加するかどうかは各家庭が決める。親の多くは「楽器の演奏が普通のことになり、それを子どもが好きになれば本当に素晴らしい」と考えて、参加させている。

しかし、小さな子どもが自由に使える楽器を各家庭でそろえることは容易ではない。というのは、子ども用とはいえ楽器は高価であり、しかも成長にともなって数年で身体に合わなくなるからだ。高い教育効果が期待できるとはいえ、多くの家庭にとっては経済的な理由で、子どもが楽器に親しむハードルは非常に高い。

そこでボーフム・シュタイナー学校の教師たちが考えたのが、GLS信託財団が設立した未来財団(教育分野)の利用である。寄付を集めて子ども用の楽器を買い、それを貸し出すのだ。1年生の終わりにいくつかの楽器を試す機会が与えられ、子どもは好きな楽器を選ぶ。そして、2年生からの2年間、5ユーロの賃貸料と40ユーロの授業料を毎月支払えば、専門の教師が3～5人の小さなグループに対して、週に2回30分ずつ演奏指導をする。

楽器は、練習のために家に持ち帰ってもよい。ただし、3年生の終了時点で返さなければならない(現在は4年生までの継続が可能。費用は2年生が月額20ユーロ、3～4年生が月額35ユーロ。楽器の賃貸料はなし)。この方法ならば、数年で使えなくなる楽器を各家庭で買う必要がないので、裕福な家庭でなくても子どもが楽器に親しむことができる。

最初に楽器を確保するためには、多額のお金が必要となる。未来財団で寄付を募る計画が2000年11月に立てられたが、実現には至らなかった。その後、寄付をしてくれる財団を探し、2001年秋にダルムシュタット(ヘッセン州)のソフトウェア財団が名乗りでる。その約5万ユーロ(約720万円)の寄付によって、フルート、トランペット、トロンボーン、ギターなど60の楽器が購入され、音楽プロジェクトはスタートした。翌年には新2年生用の楽器を購入するためにさらに寄付を募り、苦労の末、複数の財団からの約3万5000ユーロで、60を追加した。現在では楽器の種類が増え、クラリネット、ヴァイオリン、ヴィオラ、チェロ、コントラバスも選べる。

この方式は、ボーフム・モデルとして各地に広がっていく。2003年秋には、ボーフムからほど近いドルトムント・シュタイナー学校で同様の事業が始められた。この年には、GLS信託財団が「すべての子どもに楽器を」というスローガンを掲げて、未来財団の教育分野で寄付を募った。その目的は、ボーフム市のすべての基礎学校における音楽プロジェクトと同様の取り組みの導入である。実際、2006年時点で61校のうち32校で導入された。

その後、この取り組みは、ボーフム市が属するノルトライン＝ヴェストファーレン州の教育プログラムとなり、2015年度からは全国に推奨された。市民の寄付で始められた小さな事業が、全国規模の政策に発展した好例である。2016年度には、全国約150市町村の支援を受けた639の基礎学校で実施され、5万人以上の子どもたちが楽器に親しんだ。

ボーフム・シュタイナー学校では、2年間に少なくとも3度のコンサートを行い、約60人の子どもたちがさまざまな楽器で音を合わせて演奏する。それをホールで見るのは、親にとっても地域住民にとっても大きな楽しみだという。ボーフムは音楽であふれるまちとなっている。

## 贈与の増額と社会的金融機関の地位の向上

この「すべての子どもに楽器を」事業のような教育・文化分野で、また第3章や第4章で紹介した農業や再生可能エネルギーの分野などで、GLSグループは社会的金融機関として、多くの挑戦をしてきた。そうした取り組みは、「実験だった」と言われる。多くの試行錯誤やいくつかの失敗があったものの、本書でみてきたように多くの革新性を生み出してきた。GLSグループが現在多くの人びとに受け入れられているのは、支援された事業によって社会が変わり、支援を受けた側もお金を出した側も満足している姿を目の当たりにしてきたからであろう。

GLSグループが社会的革新をもたらした事業のほとんどは、何らかの意味で贈与の要素を含んでいたと言っていいだろう。贈与が新たな挑戦を可能にした。シュタイナーがもっとも重視した無償の贈与が、社会的金融機関の可能性を大きく広げたと言えよう。信託財団であれ社会的銀行であれ、贈与の要素を運営に取り入れれば入れるほど、社会に貢献できることは増えていく。

だが、社会全体でみたときには贈与の量が少なすぎるという問題がある。第2章で紹介したケルラーも、ヒアリングの際に、「融資的性質を帯びさせられたお金があまりに多く存在しているのが問題だ」という主旨を話していた。

世界金融危機をきっかけにGLS銀行への預金が大幅に増えた(第5章参照)。それは、お金の使い方を多くの人びとが意識するようになったという点では意義深いものの、低利であったとしても預金額以上のお金を返さなければならない。その点では、GLS銀行に流れ込んだお金もサブプライムローンに投資されたお金と同様に、融資的性質を帯びている。

また、経済全体のプロセスが健全に機能するためには、増加した経済的な価値が滞留せず、贈与に流れていく必要がある。ところが、贈与は社会でも学問でも一般的な行いとは考えられていない。贈与を増やして、経済的な価値の滞留を解消することは、社会的金融機関が担うべき重要な役割である。

ただし、一般論としてではあるが、筆者は、経済的余裕のあまりない若い人たちが無理をして寄付する必要はないと考えている。寄付は、自分よりもお金を有益に使える人がいると感じる人（シュタイナー的に言えば、自分の持つお金が老化したと感じる人）が行うべきものである。むしろ若い人たちにとって重要なのは、自分が贈与を日々の生活の中でどのくらい受け取っているのか意識することであるように思う。自分が贈与に支えられてきたという意識があれば、将来は当然のように寄付を行うだろう。

ドイツと同様に日本も、経済的には成熟した豊かな社会である。高度経済成長期とは異なり、フローの所得ではなくストックされた資産が社会に多大な影響を与え、「世襲制資本主義」とも呼ばれる状況になっている。こうした時代には、人びとが資産をどのように扱うのかがこれまで以上に重要だ。自分のお金を増やしたり経済成長を続けたりするために他人と競争し続ける社会と、経済成長を第一とせず、お金を社会のために、もしくは人と人とをつなぐために利用し、たとえば音楽があふれる社会とのどちらを選ぶのかを考える時期にきているのではないだろうか。

日本において贈与を増やすためには、1990年代以降に少しずつ増えてきた社会的金融機関がいっそうの役割を果たさなければならない。そこで欠かせないのは、社会的金融機関の重要性に対する人びとの理解である。日本では、公益的活動に関わる場合、ボランティアであるべきだという意識が強い。それもあって、日本の社会的金融機関(とくに主に寄付を扱う中間支援組織)で働く人びとの多くは、一般企業よりはるかに悪い条件で働かざるをえない。しかし、社会的金融機関は、職員に対しても社会的でなければならない。

GLSグループ職員の給料は、特別に高給というわけではないが、産休や育休のほか、バカンスのための長期休暇も取得できる。給料や働き方について、役員と話し合う機会も設けられている。最終的には経営陣が決めるが、役員と一般職員との距離が近く、問題をともに解決しようという方針である。調査のために何度かGLSグループを訪れたが、職員がいつも心地よさそうに働いていた印象が残っている。

GLSグループでも、信託財団を設立した当初に関わっていた人びとは、満足な給料をもらっていなかったという。十分な給料を出せるようになったのは、第1章で述べた、レックスロートという理解者の出現が大きい。有機農業や再生可能エネルギーの取り組みが実験だったように、自身では特定の公益事業を行わず公益事業体が目的を達成するのを支援するというGLS信託財団も、公益のための銀行というGLS銀行も、うまくいくかどうかわからない実験だった。これらの新しい取り組みに挑み、GLSグループを革新的な社会的金融機関として結実させられたのは、レックスロートをはじめとする理解者・支援者がいたからである。

平良斗星も、みらいファンド沖縄に対する寄付で運営費や人件費がまかなえるのが理想的だと話した。みらいファンド沖縄は寄付額の15%を手数料としているが、自身への寄付が十分なら、GLS信託財団のようにほとんど手数料をとらずに、寄付金を助成先に渡すことができる。また、十分な資金があれば、新しい取り組みにも挑みやすい。中間支援組織である社会的金融機関は、直接事業を行うNPOや社会的企業より目立たない存在かもしれないが、その独自の意義を多くの人が理解すれば、日本における可能性は大きく広がるだろう。

## 各国で増える社会的銀行

ここまで、社会的金融機関のうち主に贈与を扱う組織に焦点をあててきたが、最後に銀行について述べたい。シュタイナーは贈与にもっとも注目するように述べると同時に、交換、融資、贈与という経済全体のプロセスが滞留せずに流れるなかで、量的成長ではなく質的発展を重視した。そのためには、融資を担う社会的金融機関も必要になる。日本のNPOバンクは銀行業のライセンスを与えられていないので、融資を担う社会的銀行が欠けたピースになっている。

日本で銀行に預金するのが一般的になったのは、軍需産業（主に重化学工業）の発展のために、市民の少額のお金を巨額にまとめる必要があったからである（第6章①）。海外の銀行の成立過程をみても、多かれ少なかれ、銀行は工業を発展させる目的から生まれている。日本では1980年代まで、銀行を中心とする企業グループが強い影響力をもっていた。しかし、1990年代以降に生じたIT革命（分散型情報システムの進展）によって、中央集権型経済システムの有利性が奪われ、分権型経済システムの優位性が高まっていく。

国や大企業が経済発展を引っ張るスタイルは、時代遅れになりつつある。ジェレミー・リフキンの『限界費用ゼロ社会』で余すところなく描かれているように、莫大な資本コストを要する垂直統合型の事業は採算がとれなくなり、すべてとは言わないが、徐々に減っていかざるをえないだろう。

一方で、IT技術を駆使して多くの場所で新たに展開されている事業（カーシェアリングや3Dプリンティングなど）は、水平型・分散型・協働型という特徴を有する。資本コストはそれほど必要としないが、より多くの社会関係資本を必要とする。その結果、無一文から大金持ちへという従来の夢は、持続可能な生活の質という新たな夢に取って代わられつつあるという。事実、この変化に適合したクラウドファンディングが急速に広がってきた。工業のニーズから生まれた銀行は、その役割や運営方法を大きく変えなければ生き残れない。

日本でも、社会的銀行を目指す銀行が生まれてもよいのではないだろうか。実際、女性・市民コミュニティバンク、ゆずり葉、さらには城南信用金庫（東京都）など、GLS銀行に関心を示す金融機関が現れており、その芽は育ちつつある。クラウドファンディングのプラットフォームを扱う中間支援組織を運営していくうえで、理念が必要だと第6章で述べた。銀行も中間支援組織の一つとして、お金といかに付き合っていくかを広く伝えていかなければならない時代になってきたように思う。

社会的銀行の増加は、世界的な潮流である。GLS銀行などのフロントランナーは2009年に、「価値に基づく銀行の世界同盟」（Global Alliance for Banking on Values）を設立した。その目的は、経済的に成り立ち、なおかつ人間や環境にとって好ましい銀行業を促進させ、持続可能な銀行業のモデル同士が緩やかなネットワークでつながり、各国に増やしていくことである。

加盟銀行は2012年末には22銀行になり、17年には40銀行に迫る勢いだ。ヨーロッパ（ドイツ、スイス、フランス、イタリア、オランダ、イギリス、ノルウェー、スウェーデン、デンマーク、オーストリア、ハンガリー）だけではなく、アメリカ、カナダ、エルサルバドル、ドミニカ、エクアドル、ペルー、ボリビア、パラグアイ、ナイジェリア、ウガンダ、パレスチナ、アフガニスタン、タジキスタン、バングラディシュ、ネパール、モンゴルと世界中に広がっている。ところが、日本ではまだどこも加盟していない。ヒアリングをしたGLS銀行の職員が「日本の銀行にも加わってほしい」と話していたのが忘れられない。

もっとも、融資的性質のお金を扱う社会的金融機関は、必ずしも社会的銀行でなくてもよいかもしれない。社会的な事業によって経済的な価値を増やす方法には、融資だけでなく出資も考えられる。出資を募るという意味ではクラウドファンディングはうってつけだし、贈与も含めて社会的金融を広める方法は、ほかにもあるだろう。

ケルラーに、「日本で社会的金融を広げるためにはどうしたらよいですか」と問うと、こんな返事が返ってきた。

「ファンタジー（まだこの世にないものを空想する力）こそが重要だ」

GLSグループを参考にしつつ、日本の法律や文化にふさわしい社会的金融機関の独自の形が各地で生まれ、広がっていくことを、楽しみにしている。

**【より深く知りたい人のために】**

価値に基づく銀行の世界同盟HP（http://www.gabv.org/）。
「すべての子どもに楽器を」HP（https://www.jekits.de/）。
ジェレミー・リフキン（２０１５）『限界費用ゼロ社会――〈モノのインターネット〉と共有型経済の台頭』柴田裕之訳、NHK出版（*The Zero Marginal Cost Society*, 2014）。
Weber, Olaf and Remer, Sven（2011）*Social Banks and the Future of Sustainable Finance*, Routledge.

# あとがき

贈与に関してまっさきに思い出すのは、大学2年生のときのゼミ合宿だ。本来ゼミは3年生からだったが、無理を言って参加させていただき、先輩にいろいろ気を遣わせてしまった。そのとき、お菓子を分けてくれようとした先輩に対して、もらうのを拒んだのを覚えている。当時の私は、親しくない人から何かをもらうのが嫌だった。もらうと、何かを返さないといけない気がしていて、それが煩わしかったのかもしれない。

そのときに先輩に言われた「もっと気楽に、もっとうれしそうに、もらうといいと思うよ」という言葉が、心からなかなか離れなかった。それが、「見返りを期待しない贈与もあるのかな」と考えたきっかけでもある。

その後ももらうことは苦手だったが、贈っている人や受け取っている人がいると、そちらに意識が向くようになった。そのうち気づいたのは、「喜んで受け取る」ということの重要性である。喜んで受け取ることができる人には(とくに、もらったものを有意義に使うことのできる人には)、多くの人たちが何かを与えようとしていた。贈る人にとって、与えた相手が喜ぶのは、とてもうれしいのだ。

これは、自分の寄付したお金で社会的に意義がある事業が成功し、社会に貢献できたときの喜びに勝るとも劣らない。贈与を増やそうとするのであれば、同時に、お金を喜んで受け取り、なおかつ有意義に使用できる人も増えていかねばならない。今後は、お金を多く稼ぐ才能がある人以上に、贈与を生かせる才能をもつ人の重要性が増していくのかもしれない。

贈与に関してもう一つ覚えているのは、母の言葉だ。やはり大学生のときだったと思うが、母から何かをもらったとき、何も言わずにいたら、「ちゃんとありがとうを言いなさい」と少し厳し目に怒られた。母が怒るのは珍しいので、大事なことなのだといまでも思っている。おそらく、その当時、親しくない人から何かをもらうのが嫌だった一方で、親しい人からもらうのは当たり前だと思っていた。しかし、贈ってもらうということは当たり前のことではない。いつでも、誰にでも、感謝しなければいけない。

相変わらず、もらったときに喜びを表すのは得意ではない。それでも、感謝することと、もらったものを有意義に使うようにすることは、強く心がけている。振り返ってみると、本書を書き上げるにあたっても多くの方々にお世話になった。

ドイツでの調査では、ＧＬＳグループ、ドッテンフェルダー農場、シェーナウ電力の関係者にお世話になった。なかでも、もっとも感謝しているのがロルフ・ケルラーさんである。

その著作に魅かれて、ＧＬＳグループの職員に無理を言って紹介していただき、２０１５年５月にお会いした。私の質問に丁寧に答えていただき、お金についての考え方が深められた。ヒアリング終了後に、とても感激して興奮したのを覚えている。残念ながらケルラーさんは、２０１５年末に他界されたが、お話をうかがえて本当によかったたし、本書の完成を最初にお伝えしたたかった。一度しかお話しできなかったが、ケルラーさんの著作に息づく想いを、これからも広めていきたい。

また、東京外国語大学の中山智香子先生のご紹介で元銀行員の竹内雄介さんとお会いできたのは、まさに天佑であった。竹内さんは仕事の関係でドイツに住んでいたことがあり、貴重な時間を割いていただき、ほとんど無償で、多いときには週1回、GLSグループに関するドイツ語文献を一緒に読んでいただいた。竹内さんなしには、研究が進められていたかどうかわからない。銀行や金融についての知識が不足していた私の質問に対しても、わかりやすく答えてくださった。この場を借りて感謝したい。

青土社の村上瑠梨子さんにも中山先生のご紹介で知り合い、本格的に研究を始める前から関心をもってGLSグループの話を聴いてくださった。そして、GLSグループに関する一般書を出すことを勧めてくださり、本書の内容や書き方についてのアドバイスもことあるごとにいただいた。諸般の事情で青土社からは出版できなかったが、この本は村上さんと一緒につくってきたという想いがある。

竹内さんや村上さんをご紹介いただき、いつも気にかけてくださったっている中山先生にも、お礼を言いたい。また、急な出版企画の持ち込みだったにもかかわらず、本書の内容を評価し、出版を引き受けてくださったコモンズの大江正章さんにも感謝したい。大江さんのコメントや編集によって、わかりやすく読みやすい本に仕上がったと思う。

パートナーの和代には、いつも楽しい時間と空間をもらっている。2015年にGLSグループに関する「定常経済における社会的金融機関の役割」で優秀論文を受賞したときも、私より先にＨＰをチェックして喜んでくれた。居心地のよい環境で日々を過ごし、執筆を進められたことによって本書は生まれている。そもそも、社会的金融というこれまでとは異なるテーマの研究に二の足を踏んでいた私を、「重要なテーマだからやってほしい」と後押ししてくれたのが和代だった。

そのほか、本書の執筆にあたって実施した３度のドイツ調査のすべてで通訳と調査のコーディネートを引き受けてくださった田口理穂さん、国内でヒアリングを受け入れてくださった方々、農林中央金庫の寄付を受け一橋大学大学院経済学研究科で行われている自然資源経済論プロジェクトの関係者のみなさんをはじめ、ここでは挙げきれない数々の方にお世話になってきた。資金面では、トヨタ財団（Ｄ13－Ｒ－０２９２）と日本学術振興会（ＪＳＰＳ科研費（JP15K16160））に助成いただいた。研究の成果が出るかどうかわからない時期に助成していただいたという点で、トヨタ財団にはとくに感謝している。

本書は一般書の形式をとっているため、参考文献は最小限にしか挙げていない。また、ドイツ語文献を本文中では基本的に示してこなかったが、ＧＬＳグループをより詳しく知ろうとする方のために、以下に重要な文献のみ挙げておく。*Bankspiegel*（『バンクシュピーゲル』）は、最近数年間のものであればＨＰ上で入手できる。

Dohmen, Caspar（2011）*Good Bank. Das Modell der GLS Bank*, orange-press.

Fink, Albert (2014) *Bank als Schulungsweg*, Mayer INF03.
Kerler, Rolf (2014) *Was macht Geld?*, Goetheanum.

ミヒャエル・エンデが正しく指摘したように、お金を根源から問い直し、お金に関する考え方を変えられれば、世界観は大きく変わりうる。多くの人がお金との新しい付き合い方を始めれば、社会も変わっていくだろう。毎日無意識になにげなく付き合っているお金には、大きな可能性が秘められている。このことに気づいてもらえたのであれば、本書の意味はある。

シェーナウ市民が行った「私は厄介者です。」キャンペーンでは、中心的な宣伝媒体の「シェーナウからの便り」を市民の手で広げていた。私は、この本をとおして、お金を根源から問い直す運動を広げたいと考えている。もしあなたが本書を読んで共感したなら、あなたが読んでほしいと思う人のために本書を一冊買って、次のように伝えてほしい。

「この本は差し上げます。もしあなたが読んで共感したら、誰かのためにこの本をプレゼントしてあげてください」

贈与を通じて本書の内容が広がっていくのであれば、こんなにうれしいことはない。

２０１７年８月

林　公則

【著者紹介】

林　公則(はやし・きみのり)
1979年生まれ。2007年10月、一橋大学大学院博士課程(経済学研究科応用経済専攻)修了。現在、一橋大学大学院経済学研究科特任講師(自然資源経済論プロジェクト)。特定非営利活動法人化学兵器被害者支援日中未来平和基金理事。准認定ファンドレイザー。専門は環境経済学と環境政策論。主著に『沖縄論』(共著、岩波書店、2010年)、『軍事環境問題の政治経済学』(日本経済評論社、2011年、経済理論学会奨励賞、環境経済・政策学会奨励賞、平和研究奨励賞)、主論文に「定常経済における社会的金融機関の役割―贈与の役割について―」(幸せ経済社会研究所、2015年、定常経済懸賞論文優秀論文)など。

新・贈与論

二〇一七年九月一一日　初版発行

著　者　林　公則



発行者　大江正章
発行所　コモンズ
東京都新宿区下落合一―五―一〇―一〇〇二
TEL〇三（五三八六）六九七二
FAX〇三（五三八六）六九四五
振替　〇〇一一〇―五―四〇〇一二〇
info@commonsonline.co.jp
http://www.commonsonline.co.jp/

印刷・東京創文社／製本・東京美術紙工
乱丁・落丁はお取り替えいたします。
ISBN 978-4-86187-143-6 C 1033

## ＊好評の既刊書